SPÉCULATION

SUR

LES CHANGES

ÉTRANGERS,

Pour la Commodité des Banquiers & autres Négocians.

Contenant le juste rapport des Changes de Paris, avec les principales Places de l'Europe, suivant le cours d'Amsterdam.

Par les Sieurs PURRY & ROSSELET.

A PARIS,

Chez JEAN-FRANÇOIS KNAPEN, Imprimeur-Libraire, ruë de la Huchette, à l'Ange.

M. DCC. XXVI.

Avec Approbation & Privilege du Roy.

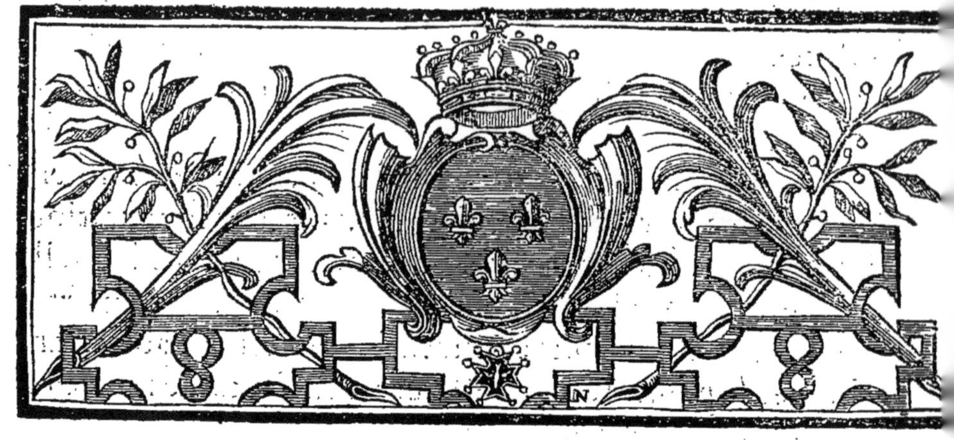

AVERTISSEMENT

OV

EXPLICATION

SUR l'utilité & la maniere de se servir des Tables
suivantes.

ES Tables suivantes contiennent un calcul
exact & nécessaire aux Banquiers pour trou-
ver l'égalité ou le pair des Changes de Paris,
Londres & Amsterdam, suivant le cours de
cette derniere Place ; ensorte qu'au moyen
de ce calcul, Messieurs les Banquiers pourront se déter-
miner plus convenablement dans leurs négociations, &
profiter des irrégularitéz qui arrivent très-souvent dans les

A ij

Changes , fans être obligez de faire une fpéculation pour
les découvrir.

Cependant le principal but qu'on s'eft propofé dans cet
Ouvrage , eft de le faire fervir de confirmation & de preu-
ve à ceux qui fpéculeront eux-mêmes , afin qu'ils foient
affurez de n'avoir point fait d'erreur dans leur fupputation:
Et après qu'on aura reconnu l'exactitude avec laquelle
l'Auteur a travaillé , on pourra dans la fuite fe rapporter
entierement aux calculs énoncez dans lefdites Tables, fans
fe donner la peine de les chercher en chiffrant de nouveau,
il faudra feulement obferver ces trois chofes.

1°. Que le Change de Paris fur Amfterdam eft marqué
dans la premiere ligne de chaque page où il eft fixé depuis
48 deniers jufques & compris 62 $\frac{7}{8}$ deniers de gros pour
un Ecu de trois livres.

2°. Que celui d'Amfterdam fur Londres eft défigné dans
toutes les premieres colonnes , où il eft pareillement fixé
depuis 33. fols 8. deniers jufques à 36. fols 3. deniers de
gros pour une livre fterling.

3°. Et que tous les autres nombres reftans expriment le
Change de Paris fur Londres , par un rapport égal aux
deux autres , tellement qu'ils ont entr'eux une jufte & même proportion , eu égard au cours d'Amfterdam.

Ainfi lorfque le Change fur Amfterdam eft à Paris à 58 $\frac{1}{2}$
d. & que celui d'Amfterdam fur Londres eft à 34. f. 8 d. fuivant les avis qu'on en reçoit d'Hollande , il faut néceffai-
rement que le Change fur Londres foit à Paris à 33 $\frac{1}{4}$ den.
fterlings pour un Ecu , comme il eft indiqué au folio 11.
Mais s'il y a quelque différence , & qu'il foit plus haut ou
plus bas , ce fera alors une irrégularité ou difproportion

dans les Changes avec le cours d'Amſterdam, & un habile Négociant ne manquera pas d'en profiter, ſoit pour faire des remiſes ou pour fournir ſes Lettres, tant ſur Amſterdam que ſur Londres.

La maniere de ſe ſervir deſdites Tables eſt très-facile & fort ſimple : Pour trouver l'égalité du Change de Paris ſur Londres ſuivant le cours d'Amſterdam, il ne s'agira que de chercher la page dans laquelle les deux Changes fixés ſe rencontreront, ſçavoir, celui de Paris ſur Amſterdam, & celui d'Amſterdam ſur Londres, après quoy il faudra prendre le nombre qui ſe trouvera vis-à-vis de l'un & de l'autre Change fixé, enſorte qu'il formera l'Angle d'une équaire ; & ce même nombre déſignera à quel prix doit être le Change de Paris ſur Londres pour avoir une proportion égale aux deux autres : Bien entendu que le cours d'Amſterdam eſt toujours la regle & le fondement de ladite proportion. L'exemple ſuivant achevera d'en donner une juſte idée.

Pour cet effet, nous ſuppoſerons que le Change de Paris ſur Amſterdam ſoit à 58 ½ d. & que celui d'Amſterdam ſur Londres ſoit à 34. ſ. 8. d. comme nous avons dit ci-devant ; On verra facilement que pour trouver l'endroit où le Change de Paris ſur Amſterdam eſt fixé à 58 ½, il faut feüilleter juſqu'à la page 11. Alors en deſcendant la colonne dudit nombre de 58 ½ juſqu'à ce qu'on ſoit arrivé vis-à-vis du Change d'Amſterdam ſur Londres fixé à 34. ſ. 8 d. on ne manquera pas d'y trouver 33 ¼ qui exprimeront que le Change de Paris ſur Londres doit être à ce point, pour avoir un rapport proportionné aux deux autres ; il en ſera de même ſur tout le reſte de l'ouvrage. Voyez la figure

ci-après, conjointement avec le folio 11. pour plus grande explication.

On n'a pas mis les fractions telles que les operations les
produifent, mais on les a réduit en $\frac{1}{2}$ $\frac{1}{4}$ $\frac{1}{8}$ $\frac{1}{16}$ & $\frac{1}{32}$, enforte
que la plus grande difference de leur véritable expreffion
ne va pas à $\frac{1}{64}$, ce qui eft peu de chofe.

On donnera inceffamment la fuite de cet Ouvrage qui
contiendra le pair des Changes fur l'Efpagne & l'Italie,
avec le cours d'Amfterdam, & on avertit que tous les
Exemplaires feront fignez comme celui-ci, pour éviter
les Editions contre-faites.

FIGURE DU FOLIO 11.

	Change de Paris fur Amsterdam.							
	58	58 $\frac{1}{8}$	58 $\frac{1}{4}$	58 $\frac{3}{8}$	58 $\frac{1}{2}$	58 $\frac{5}{8}$	58 $\frac{3}{4}$	58 $\frac{7}{8}$
Suite du Change d'Amsterdam fur Londres. 33. 8	[illegible]	[illegible]	[illegible]	[illegible]	[illegible]	[illegible]	[illegible]	[illegible]
33. 9	[illegible]	[illegible]	[illegible]	[illegible]	[illegible]	[illegible]	[illegible]	[illegible]
33. 10	[illegible]	[illegible]	[illegible]	[illegible]	[illegible]	[illegible]	[illegible]	[illegible]
33. 11	[illegible]	[illegible]	[illegible]	[illegible]	[illegible]	[illegible]	[illegible]	[illegible]
34.	[illegible]	[illegible]	[illegible]	[illegible]	[illegible]	[illegible]	[illegible]	[illegible]
34. 1	[illegible]	[illegible]	[illegible]	[illegible]	[illegible]	[illegible]	[illegible]	[illegible]
34. 2	[illegible]	[illegible]	[illegible]	[illegible]	[illegible]	[illegible]	[illegible]	[illegible]
34. 3	[illegible]	[illegible]	[illegible]	[illegible]	[illegible]	[illegible]	[illegible]	[illegible]
34. 4	[illegible]	[illegible]	[illegible]	[illegible]	[illegible]	[illegible]	[illegible]	[illegible]
34. 5	[illegible]	[illegible]	[illegible]	[illegible]	[illegible]	[illegible]	[illegible]	[illegible]
34. 6	[illegible]	[illegible]	[illegible]	[illegible]	[illegible]	[illegible]	[illegible]	[illegible]
34. 7	[illegible]	[illegible]	[illegible]	[illegible]	[illegible]	[illegible]	[illegible]	[illegible]
34. 8	[illegible]	[illegible]	[illegible]	[illegible]	33 $\frac{3}{4}$	[illegible]	[illegible]	[illegible]
34. 9	[illegible]	[illegible]	[illegible]	[illegible]	[illegible]	[illegible]	[illegible]	[illegible]
34. 10	[illegible]	[illegible]	[illegible]	[illegible]	[illegible]	[illegible]	[illegible]	[illegible]
34. 11	[illegible]	[illegible]	[illegible]	[illegible]	[illegible]	[illegible]	[illegible]	[illegible]

Change de Paris sur Amsterdam.

Change d'Amsterdam sur Londres.	48	$48\frac{1}{8}$	$48\frac{1}{4}$	$48\frac{3}{8}$	$48\frac{1}{2}$	$48\frac{5}{8}$	$48\frac{3}{4}$	$58\frac{7}{8}$
33.8	$28\,\frac{1}{2}$	$28\,\frac{19}{32}$	$28\,\frac{21}{32}$	$28\,\frac{3}{4}$	$28\,\frac{13}{16}$	$28\,\frac{7}{8}$	$28\,\frac{31}{32}$	$29\,\frac{1}{32}$
33.9	$28\,\frac{7}{16}$	$28\,\frac{17}{32}$	$28\,\frac{19}{32}$	$28\,\frac{21}{32}$	$28\,\frac{3}{4}$	$28\,\frac{13}{16}$	$28\,\frac{7}{8}$	$28\,\frac{31}{32}$
33.10	$28\,\frac{3}{8}$	$28\,\frac{7}{16}$	$28\,\frac{17}{32}$	$28\,\frac{19}{32}$	$28\,\frac{21}{32}$	$28\,\frac{3}{4}$	$28\,\frac{13}{16}$	$28\,\frac{29}{32}$
33.11	$28\,\frac{5}{16}$	$28\,\frac{3}{8}$	$28\,\frac{7}{16}$	$28\,\frac{17}{32}$	$28\,\frac{19}{32}$	$28\,\frac{11}{16}$	$28\,\frac{3}{4}$	$28\,\frac{13}{16}$
34.	$28\,\frac{1}{4}$	$28\,\frac{5}{16}$	$28\,\frac{3}{8}$	$28\,\frac{15}{32}$	$28\,\frac{17}{32}$	$28\,\frac{19}{32}$	$28\,\frac{11}{16}$	$28\,\frac{3}{4}$
34.1	$28\,\frac{5}{32}$	$28\,\frac{1}{4}$	$28\,\frac{5}{16}$	$28\,\frac{3}{8}$	$28\,\frac{15}{32}$	$28\,\frac{17}{32}$	$28\,\frac{19}{32}$	$28\,\frac{11}{16}$
34.2	$28\,\frac{3}{32}$	$28\,\frac{5}{32}$	$28\,\frac{1}{4}$	$28\,\frac{5}{16}$	$28\,\frac{3}{8}$	$28\,\frac{7}{16}$	$28\,\frac{17}{32}$	$28\,\frac{19}{32}$
34.3	$28\,\frac{1}{32}$	$28\,\frac{3}{32}$	$28\,\frac{3}{16}$	$28\,\frac{1}{4}$	$28\,\frac{5}{16}$	$28\,\frac{3}{8}$	$28\,\frac{15}{32}$	$28\,\frac{17}{32}$
34.4	$27\,\frac{31}{32}$	$28\,\frac{1}{32}$	$28\,\frac{3}{32}$	$28\,\frac{3}{16}$	$28\,\frac{1}{4}$	$28\,\frac{5}{16}$	$28\,\frac{13}{32}$	$28\,\frac{15}{32}$
34.5	$27\,\frac{29}{32}$	$27\,\frac{31}{32}$	$28\,\frac{1}{32}$	$28\,\frac{1}{8}$	$28\,\frac{3}{16}$	$28\,\frac{1}{4}$	$28\,\frac{11}{32}$	$28\,\frac{13}{32}$
34.6	$27\,\frac{13}{16}$	$27\,\frac{29}{32}$	$27\,\frac{31}{32}$	$28\,\frac{1}{32}$	$28\,\frac{1}{8}$	$28\,\frac{3}{16}$	$28\,\frac{1}{4}$	$28\,\frac{11}{32}$
34.7	$27\,\frac{3}{4}$	$27\,\frac{27}{32}$	$27\,\frac{29}{32}$	$27\,\frac{31}{32}$	$28\,\frac{1}{16}$	$28\,\frac{1}{8}$	$28\,\frac{3}{16}$	$28\,\frac{1}{4}$
34.8	$27\,\frac{11}{16}$	$27\,\frac{3}{4}$	$27\,\frac{27}{32}$	$27\,\frac{29}{32}$	$27\,\frac{31}{32}$	$28\,\frac{1}{16}$	$28\,\frac{1}{8}$	$28\,\frac{3}{16}$
34.9	$27\,\frac{5}{8}$	$27\,\frac{11}{16}$	$27\,\frac{25}{32}$	$27\,\frac{27}{32}$	$27\,\frac{29}{32}$	28	$28\,\frac{1}{16}$	$28\,\frac{1}{8}$
34.10	$27\,\frac{9}{16}$	$27\,\frac{5}{8}$	$27\,\frac{23}{32}$	$27\,\frac{25}{32}$	$27\,\frac{27}{32}$	$27\,\frac{29}{32}$	$28\,0$	$28\,\frac{1}{16}$
34.11	$27\,\frac{1}{2}$	$27\,\frac{9}{16}$	$27\,\frac{5}{8}$	$27\,\frac{23}{32}$	$27\,\frac{25}{32}$	$27\,\frac{27}{32}$	$27\,\frac{15}{16}$	28

Change de Paris sur Amsterdam.

c + ¼		48	48 ⅛	48 ¼	48 ⅜	48 ½	48 ⅝	48 ¾	48 ⅞
35	¼	27 7/16	27 1/2	27 9/16	27 21/32	27 23/32	27 25/32	27 27/32	27 15/16
35	1	27 3/8	27 7/16	27 1/2	27 9/16	27 21/32	27 23/32	27 25/32	27 7/8
35	2	27 5/16	27 3/8	27 7/16	27 1/2	27 19/32	27 21/32	27 23/32	27 25/32
35	3	27 7/32	27 5/16	27 3/8	27 7/16	27 17/32	27 19/32	27 21/32	27 23/32
35	4	27 5/32	27 1/4	27 5/16	27 3/8	27 7/16	27 17/32	27 19/32	27 21/32
35	5	27 3/32	27 3/16	27 1/4	27 5/16	27 3/8	27 15/32	27 17/32	27 19/32
35	6	27 1/32	27 1/8	27 3/16	27 1/4	27 5/16	27 13/32	27 15/32	27 17/32
35	7	26 31/32	27 1/16	27 1/8	27 3/16	27 1/4	27 11/32	27 13/32	27 15/32
35	8	26 29/32	27 1/32	27 1/16	27 1/8	27 3/16	27 9/32	27 11/32	27 13/32
35	9	26 27/32	26 15/16	27 1/32	27 1/16	27 1/8	27 3/16	27 9/32	27 11/32
35	10	26 25/32	26 7/8	26 15/16	27	27 1/16	27 1/8	27 7/32	27
35	11	26 23/32	26 13/16	26 7/8	26 15/16	27	27 1/16	27 5/32	27 7/32
36	¼	26 21/32	26 3/4	26 13/16	26 7/8	26 15/16	27	27 3/32	27 1/8
36	1	26 19/32	26 11/16	26 3/4	26 13/16	26 7/8	26 15/16	27 1/32	27
36	2	26 17/32	26 5/8	26 11/16	26 3/4	26 13/16	26 7/8	26 31/32	27 1/32
36	3	26 15/32	26 9/16	26 5/8	26 11/16	26 3/4	26 13/16	26 29/32	26 31/32

Change de Paris sur Amsterdam.

Change d'Amsterdam sur Londres	49	$49\frac{1}{8}$	$49\frac{1}{4}$	$49\frac{3}{8}$	$49\frac{1}{2}$	$49\frac{5}{8}$	$49\frac{3}{4}$	$49\frac{7}{8}$
33.8	$29\frac{3}{32}$	$29\frac{3}{16}$	$29\frac{1}{4}$	$29\frac{11}{32}$	$29\frac{13}{32}$	$29\frac{15}{32}$	$29\frac{9}{16}$	$29\frac{5}{8}$
33.9	$29\frac{1}{32}$	$29\frac{1}{8}$	$29\frac{3}{16}$	$29\frac{1}{4}$	$29\frac{11}{32}$	$29\frac{13}{32}$	$29\frac{15}{32}$	$29\frac{9}{16}$
33.10	$28\frac{31}{32}$	$29\frac{1}{32}$	$29\frac{1}{8}$	$29\frac{3}{16}$	$29\frac{1}{4}$	$29\frac{11}{32}$	$29\frac{13}{32}$	$29\frac{15}{32}$
33.11	$28\frac{29}{32}$	$28\frac{31}{32}$	$29\frac{1}{32}$	$29\frac{1}{8}$	$29\frac{3}{16}$	$29\frac{1}{4}$	$29\frac{11}{32}$	$29\frac{13}{32}$
34.	$28\frac{13}{16}$	$28\frac{29}{32}$	$28\frac{31}{32}$	$29\frac{1}{32}$	$29\frac{1}{8}$	$29\frac{3}{16}$	$29\frac{1}{4}$	$29\frac{11}{32}$
34.1	$28\frac{3}{4}$	$28\frac{13}{16}$	$28\frac{29}{32}$	$28\frac{31}{32}$	$29\frac{1}{32}$	$29\frac{1}{8}$	$29\frac{3}{16}$	$29\frac{9}{32}$
34.2	$28\frac{11}{16}$	$28\frac{3}{4}$	$28\frac{27}{32}$	$28\frac{29}{32}$	$28\frac{31}{32}$	$29\frac{1}{16}$	$29\frac{1}{8}$	$29\frac{3}{16}$
34.3	$28\frac{5}{8}$	$28\frac{11}{16}$	$28\frac{3}{4}$	$28\frac{27}{32}$	$28\frac{29}{32}$	$28\frac{31}{32}$	$29\frac{1}{16}$	$29\frac{1}{8}$
34.4	$28\frac{17}{32}$	$28\frac{5}{8}$	$28\frac{11}{16}$	$28\frac{3}{4}$	$28\frac{27}{32}$	$28\frac{29}{32}$	$28\frac{31}{32}$	$29\frac{1}{16}$
34.5	$28\frac{1}{2}$	$28\frac{9}{16}$	$28\frac{5}{8}$	$28\frac{11}{16}$	$28\frac{3}{4}$	$28\frac{27}{32}$	$28\frac{29}{32}$	$28\frac{31}{32}$
34.6	$28\frac{13}{32}$	$28\frac{15}{32}$	$28\frac{9}{16}$	$28\frac{5}{8}$	$28\frac{11}{16}$	$28\frac{25}{32}$	$28\frac{27}{32}$	$28\frac{29}{32}$
34.7	$28\frac{11}{32}$	$28\frac{13}{32}$	$28\frac{15}{32}$	$28\frac{9}{16}$	$28\frac{5}{8}$	$28\frac{11}{16}$	$28\frac{25}{32}$	$28\frac{27}{32}$
34.8	$28\frac{9}{32}$	$28\frac{11}{32}$	$28\frac{13}{32}$	$18\frac{1}{2}$	$28\frac{9}{16}$	$28\frac{9}{16}$	$28\frac{11}{16}$	$28\frac{25}{32}$
34.9	$28\frac{3}{16}$	$28\frac{9}{32}$	$28\frac{11}{32}$	$28\frac{13}{32}$	$28\frac{1}{2}$	$28\frac{1}{2}$	$28\frac{5}{8}$	$28\frac{25}{32}$
34.10	$28\frac{1}{8}$	$28\frac{7}{32}$	$28\frac{9}{32}$	$28\frac{11}{32}$	$28\frac{13}{32}$	$28\frac{13}{32}$	$28\frac{9}{16}$	$28\frac{5}{8}$
34.11	$28\frac{1}{16}$	$28\frac{1}{8}$	$28\frac{7}{32}$	$28\frac{9}{32}$	$28\frac{11}{32}$	$28\frac{7}{16}$	$28\frac{1}{2}$	$28\frac{9}{16}$

	Change de Paris fur Amfterdam.							
	49	$49\frac{1}{8}$	$49\frac{1}{4}$	$49\frac{3}{8}$	$49\frac{1}{2}$	$49\frac{5}{8}$	$49\frac{3}{4}$	$49\frac{7}{8}$
35. 0	28	$28\frac{1}{16}$	$28\frac{5}{32}$	$28\frac{7}{32}$	$28\frac{9}{32}$	$28\frac{11}{32}$	$28\frac{7}{16}$	$28\frac{1}{2}$
35. 1	$27\frac{15}{16}$	28	$28\frac{1}{16}$	$28\frac{5}{32}$	$28\frac{7}{32}$	$28\frac{9}{32}$	$28\frac{3}{8}$	$28\frac{7}{16}$
35. 2	$27\frac{7}{8}$	$27\frac{15}{16}$	28	$28\frac{3}{32}$	$28\frac{5}{32}$	$28\frac{7}{32}$	$28\frac{9}{32}$	$28\frac{3}{8}$
35. 3	$27\frac{13}{16}$	$27\frac{7}{8}$	$27\frac{15}{16}$	28	$28\frac{3}{32}$	$28\frac{5}{32}$	$28\frac{7}{32}$	$28\frac{5}{16}$
35. 4	$27\frac{3}{4}$	$27\frac{13}{16}$	$27\frac{7}{8}$	$27\frac{15}{16}$	$28\frac{1}{32}$	$28\frac{3}{32}$	$28\frac{5}{32}$	$28\frac{7}{32}$
35. 5	$27\frac{21}{32}$	$27\frac{3}{4}$	$27\frac{13}{16}$	$27\frac{7}{8}$	$27\frac{15}{16}$	$28\frac{1}{32}$	$28\frac{3}{32}$	$28\frac{5}{32}$
35. 6	$27\frac{19}{32}$	$27\frac{11}{16}$	$27\frac{3}{4}$	$27\frac{13}{16}$	$27\frac{7}{8}$	$27\frac{31}{32}$	$28\frac{1}{32}$	$28\frac{3}{32}$
35. 7	$27\frac{17}{32}$	$27\frac{5}{8}$	$27\frac{11}{16}$	$27\frac{3}{4}$	$27\frac{13}{16}$	$27\frac{29}{32}$	$27\frac{31}{32}$	$28\frac{1}{32}$
35. 8	$27\frac{15}{32}$	$27\frac{17}{32}$	$27\frac{5}{8}$	$27\frac{11}{16}$	$27\frac{3}{4}$	$27\frac{13}{16}$	$27\frac{29}{32}$	$27\frac{31}{32}$
35. 9	$27\frac{13}{32}$	$27\frac{15}{32}$	$27\frac{9}{16}$	$27\frac{5}{8}$	$27\frac{11}{16}$	$27\frac{3}{4}$	$27\frac{27}{32}$	$27\frac{29}{32}$
35.10	$27\frac{11}{32}$	$27\frac{13}{32}$	$27\frac{1}{2}$	$27\frac{9}{16}$	$27\frac{5}{8}$	$27\frac{11}{16}$	$27\frac{25}{32}$	$27\frac{27}{32}$
35.11	$27\frac{9}{32}$	$27\frac{11}{32}$	$27\frac{7}{16}$	$27\frac{1}{2}$	$27\frac{9}{16}$	$27\frac{5}{8}$	$27\frac{11}{16}$	$27\frac{25}{32}$
36.	$27\frac{7}{32}$	$27\frac{9}{32}$	$27\frac{3}{8}$	$27\frac{7}{16}$	$27\frac{1}{2}$	$27\frac{9}{16}$	$27\frac{5}{8}$	$27\frac{23}{32}$
36. 1	$27\frac{5}{32}$	$27\frac{7}{32}$	$27\frac{5}{16}$	$27\frac{3}{8}$	$27\frac{7}{16}$	$27\frac{1}{2}$	$27\frac{9}{16}$	$27\frac{21}{32}$
36. 2	$27\frac{3}{32}$	$27\frac{5}{32}$	$27\frac{1}{4}$	$27\frac{5}{16}$	$27\frac{3}{8}$	$27\frac{7}{16}$	$27\frac{1}{2}$	$27\frac{19}{32}$
36. 3	$27\frac{1}{32}$	$27\frac{3}{32}$	$27\frac{3}{16}$	$27\frac{1}{4}$	$27\frac{5}{16}$	$27\frac{3}{8}$	$27\frac{7}{16}$	$27\frac{17}{32}$

Change d'Amsterdam sur Londres.	Change de Paris sur Amsterdam.							
	50	50 1/8	50 1/4	50 3/8	50 1/2	50 5/8	50 3/4	50 7/8
33ſ.8	29 11/16	29 25/32	29 27/32	29 15/16	30	30 1/16	30 5/32	30 7/32
33. 9	29 5/8	29 23/32	29 25/32	29 27/32	29 15/16	30	30 1/16	30 5/32
33.10	29 9/16	29 5/8	29 23/32	29 25/32	29 27/32	29 15/16	30	30 1/16
33.11	29 15/32	29 9/16	29 5/8	29 23/32	29 25/32	29 27/32	29 15/16	30
34.	29 13/32	29 1/2	29 9/16	29 5/8	29 23/32	29 25/32	29 27/32	29 15/16
34. 1	29 11/32	29 13/32	29 1/2	29 9/16	29 5/8	29 23/32	29 25/32	29 27/32
34. 2	29 9/32	29 11/32	29 13/32	29 1/2	29 9/16	29 5/8	29 23/32	29 25/32
34. 3	29 3/16	29 9/32	29 11/32	29 13/32	29 1/2	29 9/16	29 5/8	29 23/32
34. 4	29 1/8	29 3/16	29 9/32	29 11/32	29 13/32	29 1/2	29 9/16	29 5/8
34. 5	29 1/16	29 1/8	29 3/16	29 9/32	29 11/32	29 13/32	29 1/2	29 9/16
34. 6	29	29 1/16	29 1/8	29 3/16	29 9/32	29 11/32	29 13/32	29 1/2
34. 7	28 29/32	29	29 1/16	29 1/8	29 7/32	29 9/32	29 11/32	29 13/32
34. 8	28 27/32	28 29/32	29	29 1/16	29 1/8	29 7/32	29 9/32	29 11/32
34. 9	28 25/32	28 27/32	28 29/32	29	29 1/16	29 1/8	29 7/32	29 9/32
34.10	28 23/32	28 25/32	28 27/32	28 15/16	29	29 1/16	29 1/8	29 7/32
34.11	28 5/8	28 23/32	28 25/32	28 27/32	28 15/16	29	29 1/16	29 5/32

Change de Paris sur Amsterdam.

Suite du Change d'Amsterdam sur Londres.

I.	50	50 1/8	50 1/4	50 3/8	50 1/2	50 5/8	50 3/4	50 7/8
35. l.	28 9/16	28 21/32	28 23/32	28 25/32	28 27/32	28 15/16	29	29 1/16
35. 1	28 1/2	28 9/16	28 21/32	28 23/32	28 25/32	28 7/8	28 15/16	29
35. 2	28 7/16	28 1/2	28 9/16	28 21/32	28 23/32	28 25/32	28 7/8	28 15/16
35. 3	28 3/8	28 7/16	28 1/2	28 19/32	28 21/32	28 23/32	28 25/32	28 7/8
35. 4	28 5/16	28 3/8	28 7/16	28 1/2	28 19/32	28 21/32	28 23/32	28 13/16
35. 5	28 1/4	28 5/16	28 3/8	28 7/16	28 17/32	28 19/32	28 21/32	28 23/32
35. 6	28 5/32	28 1/4	28 5/16	28 3/8	28 7/16	28 17/32	28 19/32	28 21/32
35. 7	28 3/32	28 3/16	28 1/4	28 5/16	28 3/8	28 15/32	28 17/32	28 19/32
35. 8	28 1/32	28 3/32	28 3/16	28 1/4	28 5/16	28 3/8	28 15/32	28 17/32
35. 9	27 31/32	28 1/32	28 1/8	28 3/16	28 1/4	28 5/16	28 3/8	28 15/32
35. 10	27 29/32	27 31/32	28 1/32	28 1/8	28 3/16	28 1/4	28 5/16	28 3/8
35. 11	27 27/32	27 29/32	27 31/32	28 1/16	28 1/8	28 3/16	28 1/4	28 5/16
36.	27 25/32	27 27/32	27 29/32	28	28 1/16	28 1/8	28 3/16	28 1/4
36. 1	27 23/32	27 25/32	27 27/32	27 15/16	28	28 1/16	28 1/8	28 3/16
36. 2	27 21/32	27 23/32	27 25/32	27 27/32	27 15/16	28	28 1/16	28 1/8
36. 3	27 19/32	27 21/32	27 23/32	27 25/32	27 7/8	27 15/16	28	28 1/16

Change d'Amsterdam sur Londres.	Change de Paris sur Amsterdam.							
	51	$51\frac{1}{8}$	$51\frac{1}{4}$	$51\frac{3}{8}$	$51\frac{1}{2}$	$51\frac{5}{8}$	$51\frac{3}{4}$	$51\frac{7}{8}$
33.8	$30\,\frac{5}{16}$	$30\,\frac{3}{8}$	$30\,\frac{7}{16}$	$30\,\frac{17}{32}$	$30\,\frac{19}{32}$	$30\,\frac{21}{32}$	$30\,\frac{3}{4}$	$30\,\frac{13}{16}$
33.9	$30\,\frac{7}{32}$	$30\,\frac{9}{32}$	$30\,\frac{3}{8}$	$30\,\frac{7}{16}$	$30\,\frac{17}{32}$	$30\,\frac{19}{32}$	$30\,\frac{21}{32}$	$30\,\frac{3}{4}$
33.10	$30\,\frac{5}{32}$	$30\,\frac{7}{32}$	$30\,\frac{9}{32}$	$30\,\frac{3}{8}$	$30\,\frac{7}{16}$	$30\,\frac{17}{32}$	$30\,\frac{19}{32}$	$30\,\frac{21}{32}$
33.11	$30\,\frac{1}{16}$	$30\,\frac{5}{32}$	$30\,\frac{7}{32}$	$30\,\frac{9}{32}$	$30\,\frac{3}{8}$	$30\,\frac{7}{16}$	$30\,\frac{17}{32}$	$30\,\frac{19}{32}$
34.	30	$30\,\frac{1}{16}$	$30\,\frac{5}{32}$	$30\,\frac{7}{32}$	$30\,\frac{9}{32}$	$30\,\frac{3}{8}$	$30\,\frac{7}{16}$	$30\,\frac{1}{2}$
34. 1	$29\,\frac{15}{16}$	30	$30\,\frac{1}{16}$	$30\,\frac{5}{32}$	$30\,\frac{7}{32}$	$30\,\frac{9}{32}$	$30\,\frac{3}{8}$	$30\,\frac{7}{16}$
34. 2	$29\,\frac{27}{32}$	$29\,\frac{15}{16}$	30	$30\,\frac{1}{16}$	$30\,\frac{5}{32}$	$30\,\frac{7}{32}$	$30\,\frac{9}{32}$	$30\,\frac{3}{8}$
34. 3	$29\,\frac{25}{32}$	$29\,\frac{27}{32}$	$29\,\frac{15}{16}$	30	$30\,\frac{1}{16}$	$30\,\frac{5}{32}$	$30\,\frac{7}{32}$	$30\,\frac{9}{32}$
34. 4	$29\,\frac{23}{32}$	$29\,\frac{25}{32}$	$29\,\frac{27}{32}$	$29\,\frac{15}{16}$	30	$30\,\frac{1}{16}$	$30\,\frac{5}{32}$	$30\,\frac{7}{32}$
34. 5	$29\,\frac{5}{8}$	$29\,\frac{23}{32}$	$29\,\frac{25}{32}$	$29\,\frac{27}{32}$	$29\,\frac{15}{16}$	30	$30\,\frac{1}{16}$	$30\,\frac{5}{32}$
34. 6	$29\,\frac{9}{16}$	$29\,\frac{5}{8}$	$29\,\frac{23}{32}$	$29\,\frac{25}{32}$	$29\,\frac{27}{32}$	$29\,\frac{15}{16}$	30	$30\,\frac{1}{16}$
34. 7	$29\,\frac{1}{2}$	$29\,\frac{9}{16}$	$29\,\frac{5}{8}$	$29\,\frac{23}{32}$	$29\,\frac{25}{32}$	$29\,\frac{27}{32}$	$29\,\frac{15}{16}$	30
34. 8	$29\,\frac{7}{16}$	$29\,\frac{1}{2}$	$29\,\frac{9}{16}$	$29\,\frac{5}{8}$	$29\,\frac{23}{32}$	$29\,\frac{25}{32}$	$29\,\frac{27}{32}$	$29\,\frac{15}{16}$
34. 9	$29\,\frac{11}{32}$	$29\,\frac{7}{16}$	$29\,\frac{1}{2}$	$29\,\frac{9}{16}$	$29\,\frac{5}{8}$	$29\,\frac{23}{32}$	$29\,\frac{25}{32}$	$29\,\frac{27}{32}$
34.10	$29\,\frac{9}{32}$	$29\,\frac{11}{32}$	$29\,\frac{7}{16}$	$29\,\frac{1}{2}$	$29\,\frac{9}{16}$	$29\,\frac{5}{8}$	$29\,\frac{23}{32}$	$29\,\frac{25}{32}$
34.11	$29\,\frac{7}{32}$	$29\,\frac{9}{32}$	$29\,\frac{11}{32}$	$29\,\frac{7}{16}$	$29\,\frac{1}{2}$	$29\,\frac{9}{16}$	$29\,\frac{5}{8}$	$29\,\frac{23}{32}$

Change de Paris sur Amsterdam.

Suite du Change d'Amsterdam sur Londres.

	51	51 1/8	51 1/4	51 3/8	51 1/2	51 5/8	51 3/4	51 7/8
35. 0	29 5/32	29 7/32	29 9/32	29 11/32	29 7/16	29 1/2	29 9/16	29 21/32
35. 1	29 1/16	29 5/32	29 7/32	29 9/32	29 3/8	29 7/16	29 1/2	29 9/16
35. 2	29	29 1/16	29 5/32	29 7/32	29 9/32	29 3/8	29 7/16	29 1/2
35. 3	28 15/16	29	29 1/16	29 5/32	29 7/32	29 9/32	29 3/8	29 7/16
35. 4	28 7/8	28 15/16	29	29 3/32	29 5/32	29 7/32	29 9/32	29 3/8
35. 5	28 13/16	28 7/8	28 15/16	29 1/32	29 3/32	29 5/32	29 7/32	29 9/32
35. 6	28 23/32	28 13/16	28 7/8	28 15/16	29 1/32	29 3/32	29 5/32	29 7/32
35. 7	28 21/32	28 23/32	28 13/16	28 7/8	28 15/16	29 1/32	29 3/32	29 5/32
35. 8	28 19/32	28 21/32	28 23/32	28 13/16	28 7/8	28 15/16	29 1/32	29 3/32
35. 9	28 17/32	28 19/32	28 21/32	28 3/4	28 13/16	28 7/8	28 15/16	29 1/32
35. 10	28 15/32	28 17/32	28 19/32	28 21/32	28 3/4	28 13/16	28 7/8	28 15/16
35. 11	28 13/32	28 15/32	28 17/32	28 19/32	28 21/32	28 3/4	28 13/16	28 7/8
36. 0	28 11/32	28 13/32	28 15/32	28 17/32	28 19/32	28 21/32	28 23/32	28 13/16
36. 1	28 9/32	28 11/32	28 13/32	28 15/32	28 17/32	28 19/32	28 21/32	28 23/32
36. 2	28 3/16	28 9/32	28 11/32	28 13/32	28 15/32	28 17/32	28 19/32	28 21/32
36. 3	28 1/8	28 7/32	28 9/32	28 11/32	28 13/32	28 15/32	28 17/32	28 19/32

Change d'Amsterdam sur Londres.

	Change de Paris sur Amsterdam.							
	52	$52\frac{1}{8}$	$52\frac{1}{4}$	$52\frac{3}{8}$	$52\frac{1}{2}$	$52\frac{5}{8}$	$52\frac{3}{4}$	$52\frac{7}{8}$
33.8	$30\frac{29}{32}$	$30\frac{31}{32}$	$31\frac{1}{32}$	$31\frac{1}{8}$	$31\frac{3}{16}$	$31\frac{1}{4}$	$31\frac{11}{32}$	$31\frac{13}{32}$
33.9	$30\frac{13}{16}$	$30\frac{7}{8}$	$30\frac{31}{32}$	$31\frac{1}{32}$	$31\frac{1}{8}$	$31\frac{3}{16}$	$31\frac{1}{4}$	$31\frac{11}{32}$
33.10	$30\frac{3}{4}$	$30\frac{13}{16}$	$30\frac{7}{8}$	$30\frac{31}{32}$	$31\frac{1}{32}$	$31\frac{1}{8}$	$31\frac{3}{16}$	$31\frac{1}{4}$
33.11	$30\frac{21}{32}$	$30\frac{3}{4}$	$30\frac{13}{16}$	$30\frac{7}{8}$	$30\frac{31}{32}$	$31\frac{1}{32}$	$31\frac{1}{8}$	$31\frac{3}{16}$
34.	$30\frac{19}{32}$	$30\frac{21}{32}$	$30\frac{3}{4}$	$30\frac{13}{16}$	$30\frac{7}{8}$	$30\frac{31}{32}$	$31\frac{1}{32}$	$31\frac{1}{8}$
34.1	$30\frac{1}{2}$	$30\frac{19}{32}$	$30\frac{21}{32}$	$30\frac{23}{32}$	$30\frac{13}{16}$	$30\frac{7}{8}$	$30\frac{31}{32}$	$31\frac{1}{32}$
34.2	$30\frac{7}{16}$	$30\frac{1}{2}$	$30\frac{19}{32}$	$30\frac{21}{32}$	$30\frac{23}{32}$	$30\frac{13}{16}$	$30\frac{7}{8}$	$30\frac{31}{32}$
34.3	$30\frac{3}{8}$	$30\frac{7}{16}$	$30\frac{1}{2}$	$30\frac{19}{32}$	$30\frac{21}{32}$	$30\frac{23}{32}$	$30\frac{13}{16}$	$30\frac{7}{8}$
34.4	$30\frac{9}{32}$	$30\frac{3}{8}$	$30\frac{7}{16}$	$30\frac{1}{2}$	$30\frac{19}{32}$	$30\frac{21}{32}$	$30\frac{23}{32}$	$30\frac{13}{16}$
34.5	$30\frac{7}{32}$	$30\frac{9}{32}$	$30\frac{3}{8}$	$30\frac{7}{16}$	$30\frac{1}{2}$	$30\frac{19}{32}$	$30\frac{21}{32}$	$30\frac{23}{32}$
34.6	$30\frac{5}{32}$	$30\frac{7}{32}$	$30\frac{9}{32}$	$30\frac{3}{8}$	$30\frac{7}{16}$	$30\frac{1}{2}$	$30\frac{19}{32}$	$30\frac{21}{32}$
34.7	$30\frac{1}{16}$	$30\frac{5}{32}$	$30\frac{7}{32}$	$30\frac{9}{32}$	$30\frac{3}{8}$	$30\frac{7}{16}$	$30\frac{1}{2}$	$30\frac{19}{32}$
34.8	30	$30\frac{1}{16}$	$30\frac{5}{32}$	$30\frac{7}{32}$	$30\frac{9}{32}$	$30\frac{3}{8}$	$30\frac{7}{16}$	$30\frac{1}{2}$
34.9	$29\frac{15}{16}$	30	$30\frac{1}{16}$	$30\frac{5}{32}$	$30\frac{7}{32}$	$30\frac{9}{32}$	$30\frac{3}{8}$	$30\frac{7}{16}$
34.10	$29\frac{27}{32}$	$29\frac{15}{16}$	30	$30\frac{1}{16}$	$30\frac{5}{32}$	$30\frac{7}{32}$	$30\frac{9}{32}$	$30\frac{3}{8}$
34.11	$29\frac{25}{32}$	$29\frac{27}{32}$	$29\frac{15}{16}$	30	$30\frac{1}{16}$	$30\frac{5}{32}$	$30\frac{7}{32}$	$30\frac{9}{32}$

Change de Paris fur Amsterdam.

Suite du Change d'Amfterdam fur Londres.

	52	52 1/8	52 1/4	52 3/8	52 1/2	52 5/8	52 3/4	52 7/8
35 ℓ.	29 23/32	29 25/32	29 27/32	29 15/16	30	30 1/16	30 5/32	30 7/32
35. 1	29 21/32	29 23/32	29 25/32	29 27/32	29 15/16	30	30 1/16	30 5/32
35. 2	29 9/16	29 21/32	29 23/32	29 25/32	29 27/32	29 15/16	30	30 1/16
35. 3	29 1/2	29 9/16	29 21/32	29 23/32	29 25/32	29 27/32	29 15/16	30
35. 4	29 7/16	29 1/2	29 9/16	29 21/32	29 23/32	29 25/32	29 27/32	29 15/16
35. 5	29 3/8	29 7/16	29 1/2	29 9/16	29 21/32	29 23/32	29 25/32	29 27/32
35. 6	29 9/32	29 3/8	29 7/16	29 1/2	29 9/16	29 21/32	29 23/32	29 25/32
35. 7	29 7/32	29 5/16	29 3/8	29 7/16	29 1/2	29 19/32	29 21/32	29 23/32
35. 8	29 5/32	29 7/32	29 5/16	29 3/8	29 7/16	29 1/2	29 19/32	29 21/32
35. 9	29 3/32	29 5/32	29 7/32	29 5/16	29 3/8	29 7/16	29 1/2	29 19/32
35.10	29 1/32	29 3/32	29 5/32	29 7/32	29 5/16	29 3/8	29 7/16	29 1/2
35.11	28 31/32	29 1/32	29 3/32	29 5/32	29 7/32	29 5/16	29 3/8	29 7/16
36.	28 7/8	28 31/32	29 1/32	29 3/32	29 5/32	29 1/4	29 5/16	29 3/8
36. 1	28 13/16	28 29/32	28 31/32	29 1/32	29 3/32	29 5/32	29 1/4	29 5/16
36. 2	28 3/4	28 13/16	28 29/32	28 31/32	29 1/32	29 3/32	29 5/32	29 1/4
36. 3	28 11/16	28 3/4	28 13/16	28 29/32	28 31/32	29 1/32	29 3/32	29 3/16

PARIS, LONDRES

Change d'Amſterdam ſur Londres.	Change de Paris ſur Amſterdam.							
	53	53 1/8	53 1/4	53 3/8	53 1/2	53 5/8	53 3/4	53 7/8
33. 8	31 1/2	31 9/16	31 5/8	31 23/32	31 25/32	31 27/32	31 15/16	32
33. 9	31 13/32	31 15/32	31 9/16	31 5/8	31 23/32	31 25/32	31 27/32	31 15/16
33. 10	31 11/32	31 13/32	31 15/32	31 9/16	31 5/8	31 11/16	31 25/32	31 27/32
33. 11	31 1/4	31 5/16	31 13/32	31 11/32	31 9/16	31 5/8	31 11/16	31 25/32
34.	31 3/16	31 1/4	31 5/16	31 13/32	31 15/32	31 17/32	31 5/8	31 11/16
34. 1	31 3/32	31 3/16	31 1/4	31 5/16	31 13/32	31 15/32	31 17/32	31 5/8
34. 2	31 1/32	31 3/32	31 5/32	31 1/4	31 5/16	31 3/8	31 15/32	31 17/32
34. 3	30 15/16	31 1/32	31 3/32	31 5/32	31 1/4	31 5/16	31 3/8	31 15/32
34. 4	30 7/8	30 15/16	31 1/32	31 3/32	31 5/32	31 1/4	31 5/16	31 3/8
34. 5	30 13/16	30 7/8	30 15/16	31 1/32	31 3/32	31 5/32	31 1/4	31 5/16
34. 6	30 23/32	30 13/16	30 7/8	30 15/16	31	31 3/32	31 5/32	31 7/32
34. 7	30 21/32	30 23/32	30 25/32	30 7/8	30 15/16	31	31 3/32	31 5/32
34. 8	30 19/32	30 21/32	30 23/32	30 25/32	30 7/8	30 15/16	31	31 3/32
34. 9	30 1/2	30 9/16	30 21/32	30 23/32	30 25/32	30 7/8	30 15/16	31
34. 10	30 7/16	30 1/2	30 9/16	30 21/32	30 23/32	30 21/32	30 7/8	30 15/16
34. 11	30 11/32	30 7/16	30 1/2	30 9/16	30 21/32	30 23/32	30 25/32	30 27/32

Change de Paris ſur Amſterdam.

Suite du Change d'Amſterdam ſur Londres.

	53	$53\frac{1}{8}$	$53\frac{1}{4}$	$53\frac{3}{8}$	$53\frac{1}{2}$	$53\frac{5}{8}$	$53\frac{3}{4}$	$53\frac{7}{8}$
35. ſ.	$30\frac{9}{32}$	$30\frac{11}{32}$	$30\frac{7}{16}$	$30\frac{1}{2}$	$30\frac{9}{16}$	$30\frac{21}{32}$	$30\frac{23}{32}$	$30\frac{25}{32}$
35. 1	$30\frac{7}{32}$	$30\frac{9}{32}$	$30\frac{11}{32}$	$30\frac{7}{16}$	$30\frac{1}{2}$	$30\frac{9}{16}$	$30\frac{21}{32}$	$30\frac{23}{32}$
35. 2	$30\frac{5}{32}$	$30\frac{7}{32}$	$30\frac{9}{32}$	$30\frac{11}{32}$	$30\frac{7}{16}$	$30\frac{1}{2}$	$30\frac{9}{16}$	$30\frac{21}{32}$
35. 3	$30\frac{1}{16}$	$30\frac{5}{32}$	$30\frac{7}{32}$	$30\frac{9}{32}$	$30\frac{11}{32}$	$30\frac{7}{16}$	$30\frac{1}{2}$	$30\frac{9}{16}$
35. 4	30	$30\frac{1}{16}$	$30\frac{5}{32}$	$30\frac{7}{32}$	$30\frac{9}{32}$	$30\frac{11}{32}$	$30\frac{7}{16}$	$30\frac{1}{2}$
35. 5	$29\frac{15}{16}$	30	$30\frac{1}{16}$	$30\frac{5}{32}$	$30\frac{7}{32}$	$30\frac{9}{32}$	$30\frac{11}{32}$	$30\frac{7}{16}$
35. 6	$29\frac{7}{8}$	$29\frac{15}{16}$	30	$30\frac{1}{16}$	$30\frac{5}{32}$	$30\frac{7}{32}$	$30\frac{9}{32}$	$30\frac{11}{32}$
35. 7	$29\frac{25}{32}$	$29\frac{7}{8}$	$29\frac{15}{16}$	30	$30\frac{1}{16}$	$30\frac{5}{32}$	$30\frac{7}{32}$	$30\frac{9}{32}$
35. 8	$29\frac{23}{32}$	$29\frac{25}{32}$	$29\frac{7}{8}$	$29\frac{15}{16}$	30	$30\frac{1}{16}$	$30\frac{5}{32}$	$30\frac{7}{32}$
35. 9	$29\frac{21}{32}$	$29\frac{23}{32}$	$29\frac{25}{32}$	$29\frac{7}{8}$	$29\frac{15}{16}$	30	$30\frac{1}{16}$	$30\frac{5}{32}$
35. 10	$29\frac{19}{32}$	$29\frac{21}{32}$	$29\frac{23}{32}$	$29\frac{25}{32}$	$29\frac{7}{8}$	$29\frac{15}{16}$	30	$30\frac{1}{16}$
35. 11	$29\frac{1}{2}$	$29\frac{19}{32}$	$29\frac{21}{32}$	$29\frac{23}{32}$	$29\frac{25}{32}$	$29\frac{7}{8}$	$29\frac{15}{16}$	30
36.	$29\frac{7}{16}$	$29\frac{1}{2}$	$29\frac{19}{32}$	$29\frac{21}{32}$	$29\frac{23}{32}$	$29\frac{25}{32}$	$29\frac{7}{8}$	$29\frac{15}{16}$
36. 1	$29\frac{3}{8}$	$29\frac{7}{16}$	$29\frac{1}{2}$	$29\frac{19}{32}$	$29\frac{21}{32}$	$29\frac{23}{32}$	$29\frac{25}{32}$	$29\frac{7}{8}$
36. 2	$29\frac{5}{16}$	$29\frac{3}{8}$	$29\frac{7}{16}$	$29\frac{1}{2}$	$29\frac{19}{32}$	$29\frac{21}{32}$	$29\frac{23}{32}$	$29\frac{25}{32}$
36. 3	$29\frac{1}{4}$	$29\frac{5}{16}$	$29\frac{3}{8}$	$29\frac{7}{16}$	$29\frac{1}{2}$	$29\frac{19}{32}$	$29\frac{21}{32}$	$29\frac{23}{32}$

Change de Paris fur Amsterdam.

Change d'Amsterdam fur Londres.	54	54 $\frac{1}{8}$	54 $\frac{1}{4}$	54 $\frac{3}{8}$	54 $\frac{1}{2}$	54 $\frac{5}{8}$	54 $\frac{3}{4}$	54 $\frac{7}{8}$
33 . 8	32 $\frac{3}{32}$	32 $\frac{5}{32}$	32 $\frac{7}{32}$	32 $\frac{5}{16}$	32 $\frac{3}{8}$	32 $\frac{7}{16}$	32 $\frac{17}{32}$	32 $\frac{19}{32}$
33 . 9	32	32 $\frac{1}{16}$	32 $\frac{5}{32}$	32 $\frac{7}{32}$	32 $\frac{5}{16}$	32 $\frac{3}{8}$	32 $\frac{7}{16}$	32 $\frac{17}{32}$
33 . 10	31 $\frac{15}{16}$	31 $\frac{31}{32}$	32 $\frac{1}{16}$	32 $\frac{5}{32}$	32 $\frac{7}{32}$	32 $\frac{9}{32}$	32 $\frac{3}{8}$	32 $\frac{7}{16}$
33 . 11	31 $\frac{27}{32}$	31 $\frac{29}{32}$	31 $\frac{31}{32}$	32 $\frac{1}{16}$	32 $\frac{5}{32}$	32 $\frac{7}{32}$	32 $\frac{9}{32}$	32 $\frac{3}{8}$
34 .	31 $\frac{3}{4}$	31 $\frac{27}{32}$	31 $\frac{29}{32}$	31 $\frac{31}{32}$	32 $\frac{1}{16}$	32 $\frac{1}{8}$	32 $\frac{7}{32}$	32 $\frac{9}{32}$
34 . 1	31 $\frac{11}{16}$	31 $\frac{3}{4}$	31 $\frac{27}{32}$	31 $\frac{29}{32}$	31 $\frac{31}{32}$	32 $\frac{1}{16}$	32 $\frac{1}{8}$	32 $\frac{7}{32}$
34 . 2	31 $\frac{5}{8}$	31 $\frac{11}{16}$	31 $\frac{3}{4}$	31 $\frac{27}{32}$	31 $\frac{29}{32}$	31 $\frac{31}{32}$	32 $\frac{1}{16}$	32 $\frac{1}{8}$
34 . 3	31 $\frac{17}{32}$	31 $\frac{19}{32}$	31 $\frac{11}{16}$	31 $\frac{3}{4}$	31 $\frac{13}{16}$	31 $\frac{29}{32}$	31 $\frac{31}{32}$	32 $\frac{1}{32}$
34 . 4	31 $\frac{15}{32}$	31 $\frac{17}{32}$	31 $\frac{19}{32}$	31 $\frac{11}{16}$	31 $\frac{3}{4}$	31 $\frac{13}{16}$	31 $\frac{29}{32}$	31 $\frac{31}{32}$
34 . 5	31 $\frac{3}{8}$	31 $\frac{15}{32}$	31 $\frac{17}{32}$	31 $\frac{19}{32}$	31 $\frac{11}{16}$	31 $\frac{3}{4}$	31 $\frac{13}{16}$	31 $\frac{29}{32}$
34 . 6	31 $\frac{5}{16}$	31 $\frac{3}{8}$	31 $\frac{7}{16}$	31 $\frac{17}{32}$	31 $\frac{19}{32}$	31 $\frac{21}{32}$	31 $\frac{3}{4}$	31 $\frac{13}{16}$
34 . 7	31 $\frac{7}{32}$	31 $\frac{5}{16}$	31 $\frac{3}{8}$	31 $\frac{7}{16}$	31 $\frac{17}{32}$	31 $\frac{19}{32}$	31 $\frac{21}{32}$	31 $\frac{3}{4}$
34 . 8	31 $\frac{5}{32}$	31 $\frac{7}{32}$	31 $\frac{5}{16}$	31 $\frac{3}{8}$	31 $\frac{7}{16}$	31 $\frac{1}{2}$	31 $\frac{19}{32}$	31 $\frac{21}{32}$
34 . 9	31 $\frac{1}{16}$	31 $\frac{5}{32}$	31 $\frac{7}{32}$	31 $\frac{9}{32}$	31 $\frac{3}{8}$	31 $\frac{7}{16}$	31 $\frac{1}{2}$	31 $\frac{19}{32}$
34 . 10	31	31 $\frac{1}{16}$	31 $\frac{5}{32}$	31 $\frac{7}{32}$	31 $\frac{9}{32}$	31 $\frac{3}{8}$	31 $\frac{7}{16}$	31 $\frac{1}{2}$
34 . 11	30 $\frac{5}{16}$	31	31 $\frac{1}{16}$	31 $\frac{5}{32}$	31 $\frac{7}{32}$	31 $\frac{9}{32}$	31 $\frac{3}{8}$	31 $\frac{7}{16}$

	Change de Paris sur Amsterdam.							
	54	54 1/8	54 1/4	54 3/8	54 1/2	54 5/8	54 3/4	54 7/8
35. 0	30 27/32	30 15/16	31	31 1/16	31 1/8	31 7/32	31 9/32	31 11/32
35. 1	30 25/32	30 27/32	30 15/16	31	31 1/16	31 1/8	31 7/32	31 9/32
35. 2	30 23/32	30 25/32	30 27/32	30 15/16	31	31 1/16	31 1/8	31 7/32
35. 3	30 21/32	30 23/32	30 25/32	30 27/32	30 15/16	31	31 1/16	31 5/32
35. 4	30 9/16	30 5/8	30 23/32	30 25/32	30 27/32	30 29/32	31	31 1/16
35. 5	30 1/2	30 9/16	30 5/8	30 23/32	30 25/32	30 27/32	30 29/32	31
35. 6	30 7/16	30 1/2	30 9/16	30 5/8	30 23/32	30 25/32	30 27/32	30 29/32
35. 7	30 11/32	30 7/16	30 1/2	30 9/16	30 5/8	30 23/32	30 25/32	30 27/32
35. 8	30 9/32	30 11/32	30 13/32	30 1/2	30 9/16	30 5/8	30 11/16	30 25/32
35. 9	30 7/32	30 9/32	30 11/32	30 13/32	30 1/2	30 9/16	30 5/8	30 11/16
35.10	30 1/8	30 7/32	30 9/32	30 11/32	30 13/32	30 1/2	30 9/16	30 5/8
35.11	30 1/16	30 1/8	30 7/32	30 9/32	30 11/32	30 13/32	30 1/2	30 9/16
36. 0	30	30 1/16	30 1/8	30 7/32	30 9/32	30 11/32	30 13/32	30 1/2
36. 1	29 15/16	30	30 1/16	30 1/8	30 7/32	30 9/32	30 11/32	30 13/32
36. 2	29 7/8	29 15/16	30	30 1/16	30 1/8	30 7/32	30 9/32	30 11/32
36. 3	29 25/32	29 7/8	29 15/16	30	30 1/16	30 1/8	30 7/32	30 9/32

Change de Paris sur Amsterdam.

Change d'Amsterdam sur Londres.

	55	$55\frac{1}{8}$	$55\frac{1}{4}$	$55\frac{3}{8}$	$55\frac{1}{2}$	$55\frac{5}{8}$	$55\frac{3}{4}$	$55\frac{7}{8}$
33. 8	$32\frac{11}{16}$	$32\frac{3}{4}$	$32\frac{13}{16}$	$32\frac{29}{32}$	$32\frac{31}{32}$	$33\frac{1}{32}$	$33\frac{1}{8}$	$33\frac{3}{16}$
33. 9	$32\frac{19}{32}$	$32\frac{21}{32}$	$32\frac{3}{4}$	$32\frac{13}{16}$	$32\frac{29}{32}$	$32\frac{31}{32}$	$33\frac{1}{32}$	$33\frac{1}{8}$
33. 10	$32\frac{1}{2}$	$32\frac{19}{32}$	$32\frac{21}{32}$	$32\frac{23}{32}$	$32\frac{13}{16}$	$32\frac{7}{8}$	$32\frac{31}{32}$	$33\frac{1}{32}$
33. 11	$32\frac{7}{16}$	$32\frac{1}{2}$	$32\frac{19}{32}$	$32\frac{21}{32}$	$32\frac{23}{32}$	$32\frac{13}{16}$	$32\frac{7}{8}$	$32\frac{31}{32}$
34.	$32\frac{11}{32}$	$32\frac{7}{16}$	$32\frac{1}{2}$	$32\frac{9}{16}$	$32\frac{21}{32}$	$32\frac{23}{32}$	$32\frac{25}{32}$	$32\frac{7}{8}$
34. 1	$32\frac{9}{32}$	$32\frac{11}{32}$	$32\frac{13}{32}$	$32\frac{1}{2}$	$32\frac{9}{16}$	$32\frac{21}{32}$	$32\frac{23}{32}$	$32\frac{25}{32}$
34. 2	$32\frac{3}{16}$	$32\frac{9}{32}$	$32\frac{11}{32}$	$32\frac{13}{32}$	$32\frac{1}{2}$	$32\frac{9}{16}$	$32\frac{5}{8}$	$32\frac{23}{32}$
34. 3	$32\frac{1}{8}$	$32\frac{3}{16}$	$32\frac{9}{32}$	$32\frac{11}{32}$	$32\frac{13}{32}$	$32\frac{15}{32}$	$32\frac{9}{16}$	$32\frac{5}{8}$
34. 4	$32\frac{1}{32}$	$32\frac{1}{8}$	$32\frac{3}{16}$	$32\frac{1}{4}$	$32\frac{11}{32}$	$32\frac{13}{32}$	$32\frac{15}{32}$	$32\frac{9}{16}$
34. 5	$31\frac{31}{32}$	$32\frac{1}{32}$	$32\frac{3}{32}$	$32\frac{3}{16}$	$32\frac{1}{4}$	$32\frac{5}{16}$	$32\frac{13}{32}$	$32\frac{15}{32}$
34. 6	$31\frac{7}{8}$	$31\frac{31}{32}$	$32\frac{1}{32}$	$32\frac{3}{32}$	$32\frac{3}{16}$	$32\frac{1}{4}$	$32\frac{5}{16}$	$32\frac{13}{32}$
34. 7	$31\frac{13}{32}$	$31\frac{7}{8}$	$31\frac{31}{32}$	$32\frac{1}{32}$	$32\frac{3}{32}$	$32\frac{5}{32}$	$32\frac{1}{4}$	$32\frac{5}{16}$
34. 8	$31\frac{23}{32}$	$31\frac{13}{16}$	$31\frac{7}{8}$	$31\frac{15}{16}$	$32\frac{1}{32}$	$32\frac{3}{32}$	$32\frac{5}{32}$	$32\frac{1}{4}$
34. 9	$31\frac{21}{32}$	$31\frac{23}{32}$	$31\frac{13}{16}$	$31\frac{7}{8}$	$31\frac{15}{16}$	32	$32\frac{3}{32}$	$32\frac{5}{32}$
34. 10	$31\frac{19}{32}$	$31\frac{21}{32}$	$31\frac{23}{32}$	$31\frac{25}{32}$	$31\frac{7}{8}$	$31\frac{15}{16}$	32	$32\frac{3}{32}$
34. 11	$31\frac{1}{2}$	$31\frac{9}{16}$	$31\frac{21}{32}$	$31\frac{23}{32}$	$31\frac{25}{32}$	$31\frac{7}{8}$	$31\frac{15}{16}$	32

ET AMSTERDAM.

Change de Paris ſur Amſterdam.

Suite du Change d'Amſterdam ſur Londres.

	55	55 $\frac{1}{8}$	55 $\frac{1}{4}$	55 $\frac{3}{8}$	55 $\frac{1}{2}$	55 $\frac{5}{8}$	55 $\frac{3}{4}$	55 $\frac{7}{8}$
35. ſ	$31\,\frac{7}{16}$	$31\,\frac{1}{2}$	$31\,\frac{9}{16}$	$31\,\frac{21}{32}$	$31\,\frac{23}{32}$	$31\,\frac{25}{32}$	$31\,\frac{27}{32}$	$31\,\frac{15}{16}$
35. 1	$31\,\frac{11}{32}$	$31\,\frac{7}{16}$	$31\,\frac{1}{2}$	$31\,\frac{9}{16}$	$31\,\frac{5}{8}$	$31\,\frac{23}{32}$	$31\,\frac{25}{32}$	$31\,\frac{27}{32}$
35. 2	$31\,\frac{9}{32}$	$31\,\frac{11}{32}$	$31\,\frac{13}{32}$	$31\,\frac{1}{2}$	$31\,\frac{9}{16}$	$31\,\frac{5}{8}$	$31\,\frac{23}{32}$	$31\,\frac{25}{32}$
35. 3	$31\,\frac{7}{32}$	$31\,\frac{9}{32}$	$31\,\frac{11}{32}$	$31\,\frac{13}{32}$	$31\,\frac{1}{2}$	$31\,\frac{9}{16}$	$31\,\frac{5}{8}$	$31\,\frac{23}{32}$
35. 4	$31\,\frac{1}{8}$	$31\,\frac{3}{16}$	$31\,\frac{9}{32}$	$31\,\frac{11}{32}$	$31\,\frac{13}{32}$	$31\,\frac{1}{2}$	$31\,\frac{9}{16}$	$31\,\frac{5}{8}$
35. 5	$31\,\frac{1}{16}$	$31\,\frac{1}{8}$	$31\,\frac{3}{16}$	$31\,\frac{9}{32}$	$31\,\frac{11}{32}$	$31\,\frac{13}{32}$	$31\,\frac{15}{32}$	$31\,\frac{9}{16}$
35. 6	31	$31\,\frac{1}{16}$	$31\,\frac{1}{8}$	$31\,\frac{3}{16}$	$31\,\frac{9}{32}$	$31\,\frac{11}{32}$	$31\,\frac{13}{32}$	$31\,\frac{15}{32}$
35. 7	$30\,\frac{29}{32}$	31	$31\,\frac{1}{16}$	$31\,\frac{1}{8}$	$31\,\frac{3}{16}$	$31\,\frac{9}{32}$	$31\,\frac{11}{32}$	$31\,\frac{13}{32}$
35. 8	$30\,\frac{27}{32}$	$30\,\frac{29}{32}$	$30\,\frac{31}{32}$	$31\,\frac{1}{16}$	$31\,\frac{1}{8}$	$31\,\frac{3}{16}$	$31\,\frac{1}{4}$	$31\,\frac{11}{32}$
35. 9	$30\,\frac{25}{32}$	$30\,\frac{27}{32}$	$30\,\frac{29}{32}$	$30\,\frac{31}{32}$	$31\,\frac{1}{16}$	$31\,\frac{1}{8}$	$31\,\frac{3}{16}$	$31\,\frac{1}{4}$
35.10	$30\,\frac{11}{16}$	$30\,\frac{25}{32}$	$30\,\frac{27}{32}$	$30\,\frac{29}{32}$	$30\,\frac{31}{32}$	$31\,\frac{1}{32}$	$31\,\frac{1}{8}$	$31\,\frac{3}{16}$
35.11	$30\,\frac{5}{8}$	$30\,\frac{11}{16}$	$30\,\frac{25}{32}$	$30\,\frac{27}{32}$	$30\,\frac{29}{32}$	$30\,\frac{31}{32}$	$31\,\frac{1}{32}$	$31\,\frac{1}{8}$
36.	$30\,\frac{9}{16}$	$30\,\frac{5}{8}$	$30\,\frac{11}{16}$	$30\,\frac{3}{4}$	$30\,\frac{27}{32}$	$30\,\frac{29}{32}$	$30\,\frac{31}{32}$	$31\,\frac{1}{32}$
36. 1	$30\,\frac{1}{2}$	$30\,\frac{9}{16}$	$30\,\frac{5}{8}$	$30\,\frac{11}{16}$	$30\,\frac{3}{4}$	$30\,\frac{27}{32}$	$30\,\frac{29}{32}$	$30\,\frac{31}{32}$
36. 2	$30\,\frac{13}{32}$	$30\,\frac{1}{2}$	$30\,\frac{9}{16}$	$30\,\frac{5}{8}$	$30\,\frac{11}{16}$	$30\,\frac{3}{4}$	$30\,\frac{27}{32}$	$30\,\frac{29}{32}$
36. 3	$30\,\frac{11}{32}$	$30\,\frac{13}{32}$	$30\,\frac{1}{2}$	$30\,\frac{9}{16}$	$30\,\frac{5}{8}$	$30\,\frac{11}{16}$	$30\,\frac{3}{4}$	$30\,\frac{27}{32}$

Change de Paris sur Amsterdam.

Change d'Amsterdam sur Londres.	56	$56\frac{1}{8}$	$56\frac{1}{4}$	$56\frac{3}{8}$	$56\frac{1}{2}$	$56\frac{5}{8}$	$56\frac{3}{4}$	$56\frac{7}{8}$
33f.8	$33\frac{9}{32}$	$33\frac{11}{32}$	$33\frac{13}{32}$	$33\frac{1}{2}$	$33\frac{9}{16}$	$33\frac{5}{8}$	$33\frac{23}{32}$	$33\frac{25}{32}$
33.9	$33\frac{3}{16}$	$33\frac{1}{4}$	$33\frac{11}{32}$	$33\frac{13}{32}$	$33\frac{1}{2}$	$33\frac{9}{16}$	$33\frac{5}{8}$	$33\frac{23}{32}$
33.10	$33\frac{3}{32}$	$33\frac{3}{16}$	$33\frac{1}{4}$	$33\frac{5}{16}$	$33\frac{13}{32}$	$33\frac{15}{32}$	$33\frac{17}{32}$	$33\frac{5}{8}$
33.11	$33\frac{1}{32}$	$33\frac{3}{32}$	$33\frac{5}{32}$	$33\frac{1}{4}$	$33\frac{5}{16}$	$33\frac{13}{32}$	$33\frac{15}{32}$	$33\frac{17}{32}$
34.	$32\frac{15}{16}$	33	$33\frac{3}{32}$	$33\frac{5}{32}$	$33\frac{1}{4}$	$33\frac{5}{16}$	$33\frac{3}{8}$	$33\frac{7}{16}$
34.1	$32\frac{7}{8}$	$32\frac{15}{16}$	33	$33\frac{3}{32}$	$33\frac{5}{32}$	$33\frac{7}{32}$	$33\frac{5}{16}$	$33\frac{3}{8}$
34.2	$32\frac{25}{32}$	$32\frac{7}{8}$	$32\frac{15}{16}$	33	$33\frac{1}{16}$	$33\frac{5}{32}$	$33\frac{7}{32}$	$33\frac{9}{32}$
34.3	$32\frac{23}{32}$	$32\frac{25}{32}$	$32\frac{27}{32}$	$32\frac{29}{32}$	33	$33\frac{1}{16}$	$33\frac{5}{32}$	$33\frac{7}{32}$
34.4	$32\frac{5}{8}$	$32\frac{11}{16}$	$32\frac{25}{32}$	$32\frac{27}{32}$	$32\frac{29}{32}$	33	$33\frac{1}{16}$	$33\frac{1}{8}$
34.5	$32\frac{17}{32}$	$32\frac{5}{8}$	$32\frac{11}{16}$	$32\frac{3}{4}$	$32\frac{27}{32}$	$32\frac{29}{32}$	33	$33\frac{1}{16}$
34.6	$32\frac{15}{32}$	$32\frac{17}{32}$	$32\frac{19}{32}$	$32\frac{11}{16}$	$32\frac{3}{4}$	$32\frac{13}{16}$	$32\frac{29}{32}$	$32\frac{31}{32}$
34.7	$32\frac{3}{8}$	$32\frac{15}{32}$	$32\frac{17}{32}$	$32\frac{19}{32}$	$32\frac{11}{16}$	$32\frac{3}{4}$	$32\frac{13}{16}$	$32\frac{29}{32}$
34.8	$32\frac{5}{16}$	$32\frac{3}{8}$	$32\frac{7}{16}$	$32\frac{17}{32}$	$32\frac{19}{32}$	$32\frac{21}{32}$	$32\frac{3}{4}$	$32\frac{13}{16}$
34.9	$32\frac{7}{32}$	$32\frac{5}{16}$	$32\frac{3}{8}$	$32\frac{7}{16}$	$32\frac{1}{2}$	$32\frac{17}{32}$	$32\frac{21}{32}$	$32\frac{3}{4}$
34.10	$32\frac{5}{32}$	$32\frac{7}{32}$	$32\frac{9}{32}$	$32\frac{3}{8}$	$32\frac{7}{16}$	$32\frac{1}{2}$	$32\frac{19}{32}$	$32\frac{21}{32}$
34.11	$32\frac{1}{16}$	$32\frac{5}{32}$	$32\frac{7}{32}$	$32\frac{9}{32}$	$32\frac{3}{8}$	$32\frac{7}{16}$	$32\frac{1}{2}$	$32\frac{19}{32}$

Suite du Change d'Amsterdam sur Londres.	Change de Paris sur Amsterdam.							
	56	56 1/8	56 1/4	56 3/8	56 1/2	56 5/8	56 3/4	56 7/8
35 ſ.	32	32 1/16	32 5/32	32 7/32	32 9/32	32 11/32	32 7/16	32 1/2
35. 1	31 15/16	32	32 1/16	32 1/8	32 7/32	32 9/32	32 11/32	32 7/16
35. 2	31 27/32	31 29/32	32	32 1/16	32 1/8	32 7/32	32 9/32	32 11/32
35. 3	31 25/32	31 27/32	31 29/32	32	32 1/16	32 1/8	32 3/16	32 9/32
35. 4	31 11/16	31 25/32	31 27/32	31 29/32	31 31/32	32 1/16	32 1/8	32 3/16
35. 5	31 5/8	31 11/16	31 25/32	31 27/32	31 29/32	31 31/32	32 1/16	32 1/8
35. 6	31 9/16	31 5/8	31 11/16	31 3/4	31 27/32	31 29/32	31 31/32	32
35. 7	31 15/32	31 9/16	31 5/8	31 11/16	31 3/4	31 27/32	31 29/32	[illegible]
35. 8	31 13/32	31 15/32	31 17/32	31 5/8	31 11/16	31 3/4	31 13/16	[illegible]
35. 9	31 11/32	31 13/32	31 15/32	31 17/32	31 5/8	31 11/16	31 3/4	[illegible]
35. 10	31 1/4	31 5/16	31 13/32	31 15/32	31 17/32	31 19/32	31 21/32	[illegible]
35. 11	31 3/16	31 1/4	31 5/16	31 13/32	31 15/32	31 17/32	31 19/32	31 21/32
36 ſ.	31 1/8	31 3/16	31 1/4	31 5/16	31 3/8	31 15/32	31 17/32	31 19/32
36. 1	31 1/32	31 1/8	31 3/16	31 1/4	31 5/16	31 3/8	31 15/32	31 17/32
36. 2	30 31/32	31 1/32	31 3/32	31 3/16	31 1/4	31 5/16	31 3/8	31 7/16
36. 3	30 29/32	30 31/32	31 1/32	31 3/32	31 3/16	31 1/4	31 5/16	31 3/8

Change de Paris sur Amsterdam.

Change d'Amsterdam sur Londres.

	57	$57\frac{1}{8}$	$57\frac{1}{4}$	$57\frac{3}{8}$	$57\frac{1}{2}$	$57\frac{5}{8}$	$57\frac{3}{4}$	$57\frac{7}{8}$
33.8	$33\frac{7}{8}$	$33\frac{15}{16}$	34	$34\frac{3}{32}$	$34\frac{5}{32}$	$34\frac{7}{32}$	$34\frac{5}{16}$	$34\frac{3}{8}$
33.9	$33\frac{25}{32}$	$33\frac{27}{32}$	$33\frac{15}{16}$	34	$34\frac{1}{16}$	$34\frac{5}{32}$	$34\frac{7}{32}$	$34\frac{5}{16}$
33.10	$33\frac{11}{16}$	$33\frac{25}{32}$	$33\frac{27}{32}$	$33\frac{29}{32}$	34	$34\frac{1}{16}$	$34\frac{1}{8}$	$34\frac{7}{32}$
33.11	$33\frac{5}{8}$	$33\frac{11}{16}$	$33\frac{3}{4}$	$33\frac{27}{32}$	$33\frac{29}{32}$	$33\frac{31}{32}$	$34\frac{1}{16}$	$34\frac{1}{8}$
34.	$33\frac{17}{32}$	$33\frac{19}{32}$	$33\frac{11}{16}$	$33\frac{3}{4}$	$33\frac{13}{16}$	$33\frac{29}{32}$	$33\frac{31}{32}$	$34\frac{1}{16}$
34.1	$33\frac{7}{16}$	$33\frac{17}{32}$	$33\frac{19}{32}$	$33\frac{21}{32}$	$33\frac{3}{4}$	$33\frac{13}{16}$	$33\frac{29}{32}$	$33\frac{31}{32}$
34.2	$33\frac{3}{8}$	$33\frac{7}{16}$	$33\frac{1}{2}$	$33\frac{19}{32}$	$33\frac{21}{32}$	$33\frac{23}{32}$	$33\frac{13}{16}$	$33\frac{7}{8}$
34.3	$33\frac{9}{32}$	$33\frac{3}{8}$	$33\frac{7}{16}$	$33\frac{1}{2}$	$33\frac{19}{32}$	$33\frac{21}{32}$	$33\frac{23}{32}$	$33\frac{13}{16}$
34.4	$33\frac{7}{32}$	$33\frac{9}{32}$	$33\frac{11}{32}$	$33\frac{7}{16}$	$33\frac{1}{2}$	$33\frac{9}{16}$	$33\frac{21}{32}$	$33\frac{23}{32}$
34.5	$33\frac{1}{8}$	$33\frac{3}{16}$	$33\frac{9}{32}$	$33\frac{11}{32}$	$33\frac{13}{32}$	$33\frac{1}{2}$	$33\frac{9}{16}$	$33\frac{5}{8}$
34.6	$33\frac{1}{32}$	$33\frac{1}{8}$	$33\frac{3}{16}$	$33\frac{1}{4}$	$33\frac{11}{32}$	$33\frac{13}{32}$	$33\frac{15}{32}$	$33\frac{9}{16}$
34.7	$32\frac{31}{32}$	$33\frac{1}{32}$	$33\frac{3}{32}$	$33\frac{3}{16}$	$33\frac{1}{4}$	$33\frac{11}{32}$	$33\frac{13}{32}$	$33\frac{15}{32}$
34.8	$32\frac{7}{8}$	$32\frac{31}{32}$	$33\frac{1}{32}$	$33\frac{3}{32}$	$33\frac{3}{16}$	$33\frac{1}{4}$	$33\frac{5}{16}$	$33\frac{3}{8}$
34.9	$32\frac{13}{16}$	$32\frac{7}{8}$	$32\frac{15}{16}$	$33\frac{1}{32}$	$33\frac{3}{32}$	$33\frac{5}{32}$	$33\frac{1}{4}$	$33\frac{5}{16}$
34.10	$32\frac{23}{32}$	$32\frac{13}{16}$	$32\frac{7}{8}$	$32\frac{15}{16}$	33	$33\frac{3}{32}$	$33\frac{5}{32}$	$33\frac{7}{32}$
34.11	$32\frac{21}{32}$	$32\frac{23}{32}$	$32\frac{25}{32}$	$32\frac{7}{8}$	$32\frac{15}{16}$	33	$33\frac{3}{32}$	$33\frac{5}{32}$

Change de Paris sur Amsterdam.

Suite du Change d'Amsterdam sur Londres.

	57	57 1/8	57 1/4	57 3/8	57 1/2	57 5/8	57 3/4	57 7/8
35. 0	32 9/16	32 21/32	32 23/32	32 25/32	32 27/32	32 15/16	33	33 1/16
35. 1	32 1/2	32 9/16	32 5/8	32 23/32	32 25/32	32 27/32	32 15/16	33
35. 2	32 7/16	32 1/2	32 9/16	32 5/8	32 11/16	32 25/32	32 27/32	32 29/32
35. 3	32 11/32	32 13/32	32 1/2	32 9/16	32 5/8	32 11/16	32 25/32	32 27/32
35. 4	32 1/4	32 11/32	32 13/32	32 15/32	32 9/16	32 5/8	32 11/16	32 25/32
35. 5	32 3/16	32 1/4	32 11/32	32 13/32	32 15/32	32 9/16	32 5/8	32 11/16
35. 6	32 1/8	32 3/16	32 1/4	32 11/32	32 13/32	32 15/32	32 9/16	32 5/8
35. 7	32 1/32	32 1/8	32 3/16	32 1/4	32 11/32	32 13/32	32 15/32	32 9/16
35. 8	31 31/32	32 1/32	32 3/32	32 3/16	32 1/4	32 11/32	32 13/32	32 15/32
35. 9	31 29/32	31 31/32	32 1/32	32 3/32	32 3/16	32 1/4	32 11/32	32 13/32
35. 10	31 13/16	31 7/8	31 31/32	32 1/32	32 3/32	32 5/32	32 7/32	32 5/16
35. 11	31 3/4	31 13/16	31 7/8	31 15/16	32 1/32	32 3/32	32 5/32	32 7/32
36. 0	31 21/32	31 3/4	31 13/16	31 7/8	31 15/16	32 1/32	32 3/32	32 5/32
36. 1	31 19/32	31 21/32	31 3/4	31 13/16	31 7/8	31 15/16	32 1/32	32 3/32
36. 2	31 17/32	31 19/32	31 21/32	31 23/32	31 25/32	31 7/8	31 15/16	32
36. 3	31 7/16	31 17/32	31 19/32	31 21/32	31 23/32	31 25/32	31 7/8	31 15/16

Change de Paris sur Amsterdam.

Change d'Amsterdam sur Londres.	58	58 1/8	58 1/4	58 3/8	58 1/2	58 5/8	58 3/4	58 7/8
33. 8	34 15/32	34 17/32	34 19/32	34 11/16	34 3/4	34 13/16	34 29/32	34 31/32
33. 9	34 3/8	34 7/16	34 17/32	34 19/32	34 21/32	34 3/4	34 13/16	34 29/32
33.10	34 9/32	34 3/8	34 7/16	34 1/2	34 19/32	34 21/32	34 23/32	34 13/16
33.11	34 7/32	34 9/32	34 11/32	34 7/16	34 1/2	34 9/16	34 21/32	34 23/32
34.	34 1/8	34 3/16	34 1/4	34 11/32	34 13/32	34 1/2	34 9/16	34 5/8
34. 1	34 1/32	34 3/32	34 3/16	34 1/4	34 11/32	34 13/32	34 15/32	34 9/16
34. 2	33 15/16	34 1/32	34 3/32	34 5/32	34 1/4	34 5/16	34 3/8	34 15/32
34. 3	33 7/8	33 15/16	34	34 3/32	34 5/32	34 7/32	34 5/16	34 3/8
34. 4	33 25/32	33 27/32	33 15/16	34	34 1/16	34 5/32	34 7/32	34 9/32
34. 5	33 23/32	33 25/32	33 27/32	33 15/16	34	34 1/16	34 5/32	34 7/32
34. 6	33 5/8	33 11/16	33 25/32	33 27/32	33 29/32	33 31/32	34 1/16	34 1/8
34. 7	33 17/32	33 5/8	33 11/16	33 3/4	33 27/32	33 29/32	33 31/32	34 1/16
34. 8	33 15/32	33 17/32	33 19/32	33 11/16	33 3/4	33 27/32	33 29/32	33 31/32
34. 9	33 3/8	33 15/32	33 17/32	33 19/32	33 11/16	33 3/4	33 13/16	33 7/8
34.10	33 5/16	33 3/8	33 7/16	33 17/32	33 19/32	33 21/32	33 23/32	33 13/16
34.11	33 7/32	33 9/32	33 3/8	33 7/16	33 1/2	33 19/32	33 21/32	33 23/32

ET AMSTERDAM.

Suite du Change d'Amsterdam sur Londres.	Change de Paris sur Amsterdam.							
	58	58 1/8	58 1/4	58 3/8	58 1/2	58 5/8	58 3/4	58 7/8
35 s.	33 5/32	33 7/32	33 9/32	33 11/32	33 7/16	33 1/2	33 9/16	33 21/32
35. 1	33 1/16	33 1/8	33 7/32	33 9/32	33 11/32	33 13/32	33 1/2	33 9/16
35. 2	32 31/32	33 1/16	33 1/8	33 3/16	33 9/32	33 11/32	33 13/32	33 15/32
35. 3	32 29/32	32 31/32	33 1/16	33 1/8	33 3/16	33 9/32	33 11/32	33 13/32
35. 4	32 27/32	32 29/32	32 31/32	33 1/32	33 1/8	33 3/16	33 1/4	33 5/16
35. 5	32 3/4	32 13/16	32 29/32	32 31/32	33 1/32	33 3/32	33 3/16	33 1/4
35. 6	32 11/16	32 3/4	32 13/16	32 7/8	32 31/32	33 1/32	33 1/8	33 3/16
35. 7	32 19/32	32 21/32	32 3/4	32 13/16	32 7/8	32 15/16	33 1/32	33 1/8
35. 8	32 17/32	32 19/32	32 23/32	32 3/4	32 13/16	32 7/8	32 15/16	33 1/32
35. 9	32 7/16	32 17/32	32 19/32	32 21/32	32 3/4	32 13/16	32 7/8	32 15/16
35. 10	32 3/8	32 7/16	32 17/32	32 19/32	32 21/32	32 23/32	32 25/32	32 13/16
35. 11	32 5/16	32 3/8	32 15/32	32 1/2	32 19/32	32 21/32	32 23/32	32 23/32
36.	32 1/4	32 5/16	32 3/8	32 7/16	32 1/2	32 9/16	32 21/32	32 11/16
36. 1	32 5/32	32 1/4	32 5/16	32 3/8	32 7/16	32 1/2	32 9/16	32 5/8
36. 2	32 1/16	32 5/32	32 7/32	32 9/32	32 11/32	32 13/32	32 1/2	32 9/16
36. 3	32	32 1/16	32 1/8	32 7/32	32 9/32	32 11/32	32 13/32	32 1/2

Change de Paris sur Amsterdam.

Row labels (first column): **Change d'Amsterdam sur Londres.**

Change d'Amsterdam sur Londres	59	59 1/8	59 1/4	59 3/8	59 1/2	59 5/8	59 3/4	59 7/8
33. 8	35 1/16	35 1/8	35 3/16	35 9/32	35 11/32	35 13/32	35 1/2	35 9/16
33. 9	34 31/32	35 1/32	35 1/8	35 3/16	35 1/4	35 11/32	35 13/32	35 1/2
33. 10	34 7/8	34 31/32	35 1/32	35 3/32	35 3/16	35 1/4	35 5/16	35 13/32
33. 11	34 25/32	34 7/8	34 15/16	35	35 3/32	35 5/32	35 1/4	35 5/16
34.	34 23/32	34 25/32	34 27/32	34 15/16	35	35 1/16	35 3/32	35 7/32
34. 1	34 5/8	34 11/16	34 25/32	34 27/32	34 29/32	35	35 1/16	35 1/8
34. 2	34 17/32	34 5/8	34 11/16	34 3/4	34 27/32	34 29/32	34 31/32	35 1/16
34. 3	34 15/32	34 17/32	34 19/32	34 11/16	34 3/4	34 13/16	34 29/32	34 31/32
34. 4	34 3/8	34 7/16	34 1/2	34 19/32	34 21/32	34 23/32	34 13/16	34 7/8
34. 5	34 9/32	34 3/8	34 7/16	34 1/2	34 19/32	34 21/32	34 23/32	34 13/16
34. 6	34 3/16	34 9/32	34 11/32	34 13/32	34 1/2	34 9/16	34 5/8	34 23/32
34. 7	34 1/8	34 3/16	34 9/32	34 11/32	34 13/32	34 15/32	34 9/16	34 5/8
34. 8	34 1/32	34 1/8	34 3/16	34 1/4	34 5/16	34 13/32	34 15/32	34 17/32
34. 9	33 31/32	34 1/32	34 3/32	34 3/16	34 1/4	34 5/16	34 3/8	34 15/32
34. 10	33 7/8	33 15/16	34 1/32	34 3/32	34 3/16	34 1/4	34 5/16	34 3/8
34. 11	33 13/16	33 7/8	33 15/16	34	34 3/32	34 5/32	34 7/32	34 9/32

ET AMSTERDAM.

Change de Paris ſur Amſterdam.

Suite du Change d'Amſterdam ſur Londres.

	59	$59\tfrac{1}{8}$	$59\tfrac{1}{4}$	$59\tfrac{3}{8}$	$59\tfrac{1}{2}$	$59\tfrac{5}{8}$	$59\tfrac{3}{4}$	$59\tfrac{7}{8}$
35. ſ.	$33\tfrac{23}{32}$	$33\tfrac{25}{32}$	$33\tfrac{27}{32}$	$33\tfrac{15}{16}$	34	$34\tfrac{1}{16}$	$34\tfrac{5}{32}$	$34\tfrac{7}{32}$
35. 1	$33\tfrac{5}{8}$	$33\tfrac{23}{32}$	$33\tfrac{25}{32}$	$33\tfrac{27}{32}$	$33\tfrac{15}{16}$	34	$34\tfrac{1}{16}$	$34\tfrac{1}{8}$
35. 2	$33\tfrac{9}{16}$	$33\tfrac{5}{8}$	$33\tfrac{11}{16}$	$33\tfrac{25}{32}$	$33\tfrac{27}{32}$	$33\tfrac{29}{32}$	$33\tfrac{31}{32}$	$34\tfrac{1}{16}$
35. 3	$33\tfrac{15}{32}$	$33\tfrac{9}{16}$	$33\tfrac{5}{8}$	$33\tfrac{11}{16}$	$33\tfrac{3}{4}$	$33\tfrac{27}{32}$	$33\tfrac{29}{32}$	$33\tfrac{31}{32}$
35. 4	$33\tfrac{13}{32}$	$33\tfrac{15}{32}$	$33\tfrac{17}{32}$	$33\tfrac{19}{32}$	$33\tfrac{11}{16}$	$33\tfrac{3}{4}$	$33\tfrac{13}{16}$	$33\tfrac{29}{32}$
35. 5	$33\tfrac{5}{16}$	$33\tfrac{3}{8}$	$33\tfrac{15}{32}$	$33\tfrac{17}{32}$	$33\tfrac{19}{32}$	$33\tfrac{11}{16}$	$33\tfrac{3}{4}$	$33\tfrac{13}{16}$
35. 6	$33\tfrac{1}{4}$	$33\tfrac{5}{16}$	$33\tfrac{3}{8}$	$33\tfrac{7}{16}$	$33\tfrac{17}{32}$	$33\tfrac{19}{32}$	$33\tfrac{21}{32}$	$33\tfrac{23}{32}$
35. 7	$33\tfrac{5}{32}$	$33\tfrac{7}{32}$	$33\tfrac{5}{16}$	$33\tfrac{3}{8}$	$33\tfrac{7}{16}$	$33\tfrac{1}{2}$	$33\tfrac{9}{16}$	$33\tfrac{21}{32}$
35. 8	$33\tfrac{3}{32}$	$33\tfrac{5}{32}$	$33\tfrac{7}{32}$	$33\tfrac{9}{32}$	$33\tfrac{3}{8}$	$33\tfrac{7}{16}$	$33\tfrac{1}{2}$	$33\tfrac{9}{16}$
35. 9	33	$33\tfrac{3}{32}$	$33\tfrac{5}{32}$	$33\tfrac{7}{32}$	$33\tfrac{9}{32}$	$33\tfrac{11}{32}$	$33\tfrac{7}{16}$	$33\tfrac{1}{2}$
35. 10	$32\tfrac{15}{16}$	33	$33\tfrac{1}{16}$	$33\tfrac{1}{8}$	$33\tfrac{7}{32}$	$33\tfrac{9}{32}$	$33\tfrac{11}{32}$	$33\tfrac{13}{32}$
35. 11	$32\tfrac{27}{32}$	$32\tfrac{15}{16}$	33	$33\tfrac{1}{16}$	$33\tfrac{1}{8}$	$33\tfrac{3}{16}$	$33\tfrac{9}{32}$	$33\tfrac{11}{32}$
36.	$32\tfrac{25}{32}$	$32\tfrac{27}{32}$	$32\tfrac{29}{32}$	$32\tfrac{31}{32}$	$33\tfrac{1}{16}$	$33\tfrac{1}{8}$	$33\tfrac{3}{16}$	$33\tfrac{1}{4}$
36. 1	$32\tfrac{23}{32}$	$32\tfrac{25}{32}$	$32\tfrac{27}{32}$	$32\tfrac{29}{32}$	$32\tfrac{31}{32}$	$33\tfrac{1}{16}$	$33\tfrac{1}{8}$	$33\tfrac{3}{16}$
36. 2	$32\tfrac{5}{8}$	$32\tfrac{11}{16}$	$32\tfrac{3}{4}$	$32\tfrac{27}{32}$	$32\tfrac{29}{32}$	$32\tfrac{31}{32}$	$33\tfrac{1}{32}$	$33\tfrac{1}{8}$
36. 3	$32\tfrac{9}{16}$	$32\tfrac{5}{8}$	$32\tfrac{11}{16}$	$32\tfrac{3}{4}$	$32\tfrac{27}{32}$	$32\tfrac{29}{32}$	$32\tfrac{31}{32}$	$33\tfrac{1}{32}$

Change de Paris sur Amsterdam.

<table>
<tr><td rowspan="17" style="writing-mode:vertical-rl">Change d'Amsterdam sur Londres.</td></tr>
<tr><th></th><th>60</th><th>60 1/8</th><th>60 1/4</th><th>60 3/8</th><th>60 1/2</th><th>60 5/8</th><th>60 3/4</th><th>60 7/8</th></tr>
<tr><td>33. 8</td><td>35 21/32</td><td>35 23/32</td><td>35 25/32</td><td>35 7/8</td><td>35 15/16</td><td>36</td><td>36 3/32</td><td>36 5/32</td></tr>
<tr><td>33. 9</td><td>35 9/16</td><td>35 5/8</td><td>35 23/32</td><td>35 25/32</td><td>35 27/32</td><td>35 15/16</td><td>36</td><td>36 1/16</td></tr>
<tr><td>33. 10</td><td>35 15/32</td><td>35 17/32</td><td>35 5/8</td><td>35 11/16</td><td>35 3/4</td><td>35 27/32</td><td>35 29/32</td><td>36</td></tr>
<tr><td>33. 11</td><td>35 3/8</td><td>35 15/32</td><td>35 17/32</td><td>35 19/32</td><td>35 11/16</td><td>35 3/4</td><td>35 13/16</td><td>35 29/32</td></tr>
<tr><td>34.</td><td>35 9/32</td><td>35 3/8</td><td>35 7/16</td><td>35 1/2</td><td>35 19/32</td><td>35 21/32</td><td>35 3/4</td><td>35 13/16</td></tr>
<tr><td>34. 1</td><td>35 7/32</td><td>35 9/32</td><td>35 11/32</td><td>35 7/16</td><td>35 1/2</td><td>35 9/16</td><td>35 21/32</td><td>35 23/32</td></tr>
<tr><td>34. 2</td><td>35 1/8</td><td>35 3/16</td><td>35 9/32</td><td>35 11/32</td><td>35 13/32</td><td>35 1/2</td><td>35 9/16</td><td>35 5/8</td></tr>
<tr><td>34. 3</td><td>35 1/32</td><td>35 1/8</td><td>35 3/16</td><td>35 1/4</td><td>35 11/32</td><td>35 13/32</td><td>35 1/2</td><td>35 9/16</td></tr>
<tr><td>34. 4</td><td>34 15/16</td><td>35 1/32</td><td>35 3/32</td><td>35 5/32</td><td>35 1/4</td><td>35 5/16</td><td>35 13/32</td><td>35 15/32</td></tr>
<tr><td>34. 5</td><td>34 7/8</td><td>34 15/16</td><td>35</td><td>35 3/32</td><td>35 5/32</td><td>35 7/32</td><td>35 5/16</td><td>35 3/8</td></tr>
<tr><td>34. 6</td><td>34 25/32</td><td>34 27/32</td><td>34 15/16</td><td>35</td><td>35 1/16</td><td>35 1/8</td><td>35 7/32</td><td>35 9/32</td></tr>
<tr><td>34. 7</td><td>34 11/16</td><td>34 25/32</td><td>34 27/32</td><td>34 29/32</td><td>35</td><td>35 1/16</td><td>35 1/8</td><td>35 3/16</td></tr>
<tr><td>34. 8</td><td>34 5/8</td><td>34 11/16</td><td>34 3/4</td><td>34 27/32</td><td>34 29/32</td><td>34 31/32</td><td>35 1/16</td><td>35 1/8</td></tr>
<tr><td>34. 9</td><td>34 17/32</td><td>34 19/32</td><td>34 11/16</td><td>34 3/4</td><td>34 13/16</td><td>34 29/32</td><td>34 31/32</td><td>35 1/32</td></tr>
<tr><td>34. 10</td><td>34 7/16</td><td>34 17/32</td><td>34 19/32</td><td>34 21/32</td><td>34 3/4</td><td>34 13/16</td><td>34 7/8</td><td>34 15/16</td></tr>
<tr><td>34. 11</td><td>34 3/8</td><td>34 7/16</td><td>34 1/2</td><td>34 19/32</td><td>34 21/32</td><td>34 23/32</td><td>34 13/16</td><td>34 7/8</td></tr>
</table>

ET AMSTERDAM.

Suite du Change d'Amsterdam sur Londres.	Change de Paris sur Amsterdam.							
	60	60 1/8	60 1/4	60 3/8	60 1/2	60 5/8	60 3/4	60 7/8
35. l	34 9/32	34 11/32	34 7/16	34 1/2	34 9/16	34 21/32	34 23/32	34 25/32
35. 1	34 7/32	34 9/32	34 11/32	34 13/32	34 1/2	34 9/16	34 21/32	34 23/32
35. 2	34 1/8	34 3/16	34 1/4	34 11/32	34 13/32	34 15/32	34 9/16	34 5/8
35. 3	34 1/32	34 1/8	34 3/16	34 1/4	34 5/16	34 13/32	34 15/32	34 17/32
35. 4	33 31/32	34 1/32	34 3/32	34 3/16	34 1/4	34 5/16	34 3/8	34 7/16
35. 5	33 7/8	33 31/32	34 1/32	34 3/32	34 5/32	34 1/4	34 5/16	34 3/8
35. 6	33 25/32	33 7/8	33 15/16	34	34 1/16	34 5/32	34 7/32	34 9/32
35. 7	33 23/32	33 25/32	33 7/8	33 15/16	34	34 1/16	34 3/32	34 7/32
35. 8	33 21/32	33 23/32	33 25/32	33 27/32	33 15/16	34	34 1/16	34 1/8
35. 9	33 9/16	33 5/8	33 23/32	33 25/32	33 27/32	33 29/32	34	34 1/16
35. 10	33 1/2	33 9/16	33 5/8	33 11/16	33 3/4	33 27/32	33 29/32	33 31/32
35. 11	33 13/32	33 15/32	33 9/16	33 5/8	33 11/16	33 3/4	33 27/32	33 29/32
36.	33 11/32	33 13/32	33 15/32	33 17/32	33 19/32	33 11/16	33 3/4	33 13/16
36. 1	33 1/4	33 5/16	33 13/32	33 15/32	33 17/32	33 19/32	33 11/16	33 3/4
36. 2	33 3/16	33 1/4	33 5/16	33 3/8	33 15/32	33 17/32	33 19/32	33 21/32
36. 3	33 3/32	33 3/16	33 1/4	33 5/16	33 3/8	33 7/16	33 17/32	33 19/32

Change de Paris sur Amsterdam.

Change d'Amsterdam sur Londres.

Change d'Amsterdam sur Londres	61	61 1/8	61 1/4	61 3/8	61 1/2	61 5/8	61 3/4	61 7/8
33 8	36 1/4	36 5/16	36 3/8	36 15/32	36 17/32	36 19/32	36 11/16	36 3/4
33 9	36 5/32	36 7/32	36 9/32	36 3/8	36 7/16	36 17/32	36 19/32	36 21/32
33 10	36 1/16	36 1/8	36 7/32	36 9/32	36 11/32	36 7/16	36 1/2	36 9/16
33 11	35 31/32	36 1/32	36 1/8	36 3/16	36 1/4	36 11/32	36 13/32	36 1/2
34	35 7/8	35 31/32	36 1/32	36 3/32	36 3/16	36 1/4	36 5/16	36 13/32
34 1	35 25/32	35 7/8	35 15/16	36	36 3/32	36 5/32	36 1/4	36 5/16
34 2	35 23/32	35 25/32	35 27/32	35 15/16	36	36 1/16	36 5/32	36 7/32
34 3	35 5/8	35 11/16	35 25/32	35 27/32	35 29/32	36	36 1/16	36 1/8
34 4	35 17/32	35 19/32	35 11/16	35 3/4	35 13/16	35 29/32	35 31/32	36 1/32
34 5	35 7/16	35 17/32	35 19/32	35 21/32	35 3/4	35 13/16	35 7/8	35 31/32
34 6	35 3/8	35 7/16	35 1/2	35 19/32	35 21/32	35 23/32	35 13/16	35 7/8
34 7	35 9/32	35 11/32	35 13/32	35 1/2	35 9/16	35 5/8	35 23/32	35 25/32
34 8	35 3/16	35 1/4	35 11/32	35 13/32	35 15/32	35 9/16	35 5/8	35 11/16
34 9	35 3/32	35 3/16	35 1/4	35 5/16	35 13/32	35 15/32	35 17/32	35 5/8
34 10	35 1/32	35 3/32	35 5/32	35 1/4	35 5/16	35 3/8	35 15/32	35 17/32
34 11	34 15/16	35	35 3/32	35 5/32	35 7/32	35 5/16	35 3/8	35 7/16

Change de Paris sur Amsterdam.

Suite du Change d'Amsterdam sur Londres.		61	61 ⅛	61 ¼	61 ⅜	61 ½	61 ⅝	61 ¾	61 ⅞
	35. 0	34 27/32	34 15/16	35.	35 1/16	35 5/32	35 3/32	35 9/32	35 11/32
	35. 1	34 25/32	34 27/32	34 29/32	35	35 1/16	35 1/8	35 7/32	35 9/32
	35. 2	34 11/16	34 3/4	34 27/32	34 29/32	34 31/32	35 1/16	35 1/8	35 3/16
	35. 3	34 5/8	34 11/16	34 3/4	34 13/16	34 29/32	34 31/32	35 1/32	35 3/32
	35. 4	34 17/32	34 19/32	34 21/32	34 3/4	34 13/16	34 7/8	34 15/16	35 1/32
	35. 5	34 7/16	34 17/32	34 19/32	34 21/32	34 23/32	34 13/16	34 7/8	34 15/16
	35. 6	34 3/8	34 7/16	34 1/2	34 9/16	34 21/32	34 23/32	34 13/16	34 7/8
	35. 7	34 9/32	34 11/32	34 7/16	34 1/2	34 9/16	34 5/8	34 23/32	34 1/2
	35. 8	34 7/32	34 9/32	34 11/32	34 13/32	34 1/2	34 9/16	34 5/8	34 11/16
	35. 9	34 1/8	34 3/16	34 9/32	34 11/32	34 13/32	34 15/32	34 17/32	34 5/8
	35. 10	34 1/16	34 1/8	34 3/16	34 1/4	34 1/16	34 13/32	34 15/32	34 17/32
	35. 11	33 31/32	34 1/32	34 3/32	34 1/16	34 1/4	34 5/16	34 3/8	34 1/2
	36.	33 7/8	33 31/32	34 1/2	34 3/32	34 11/32	34 1/4	34 5/16	34 3/8
	36. 1	33 13/16	33 7/8	33 15/16	34	34 3/32	34 5/32	34 7/32	34 9/32
	36. 2	33 23/32	33 21/32	33 7/8	33 15/16	34	34 3/32	34 15/32	34 7/32
	36. 3	33 21/32	33 23/32	33 25/32	33 7/8	33 15/16	34	34 11/16	34 1/8

PARIS, LONDRES

Change de Paris sur Amsterdam.

Change d'Amsterdam sur Londres	62	62 $\frac{1}{8}$	62 $\frac{1}{4}$	62 $\frac{3}{8}$	62 $\frac{1}{2}$	62 $\frac{5}{8}$	62 $\frac{3}{4}$	62 $\frac{7}{8}$
33 . 8	36 $\frac{27}{32}$	36 $\frac{29}{32}$	36 $\frac{31}{32}$	37 $\frac{1}{16}$	37 $\frac{1}{8}$	37 $\frac{3}{16}$	37 $\frac{9}{32}$	37 $\frac{11}{32}$
33 . 9	36 $\frac{3}{4}$	36 $\frac{13}{16}$	36 $\frac{29}{32}$	36 $\frac{31}{32}$	37 $\frac{1}{32}$	37 $\frac{1}{8}$	37 $\frac{3}{16}$	37 $\frac{1}{4}$
33 . 10	36 $\frac{21}{32}$	36 $\frac{23}{32}$	36 $\frac{13}{16}$	36 $\frac{7}{8}$	36 $\frac{15}{16}$	37	37 $\frac{3}{32}$	37 $\frac{5}{32}$
33 . 11	36 $\frac{9}{16}$	36 $\frac{5}{8}$	36 $\frac{23}{32}$	36 $\frac{21}{32}$	36 $\frac{7}{8}$	36 $\frac{15}{16}$	37	37 $\frac{3}{32}$
34 .	36 $\frac{15}{32}$	36 $\frac{17}{32}$	36 $\frac{5}{8}$	36 $\frac{11}{16}$	36 $\frac{3}{4}$	36 $\frac{27}{32}$	36 $\frac{29}{32}$	37
34 . 1	36 $\frac{3}{8}$	36 $\frac{15}{32}$	36 $\frac{17}{32}$	36 $\frac{19}{32}$	36 $\frac{11}{16}$	36 $\frac{3}{4}$	36 $\frac{13}{16}$	36 $\frac{29}{32}$
34 . 2	36 $\frac{9}{32}$	36 $\frac{3}{8}$	36 $\frac{7}{16}$	36 $\frac{1}{2}$	36 $\frac{19}{32}$	36 $\frac{21}{32}$	36 $\frac{23}{32}$	36 $\frac{13}{16}$
34 . 3	36 $\frac{7}{32}$	36 $\frac{9}{32}$	36 $\frac{11}{32}$	36 $\frac{7}{16}$	36 $\frac{1}{2}$	36 $\frac{9}{16}$	36 $\frac{21}{32}$	36 $\frac{23}{32}$
34 . 4	36 $\frac{1}{8}$	36 $\frac{3}{16}$	36 $\frac{1}{4}$	36 $\frac{11}{32}$	36 $\frac{13}{32}$	36 $\frac{15}{32}$	36 $\frac{9}{16}$	36 $\frac{5}{8}$
34 . 5	36 $\frac{1}{32}$	36 $\frac{3}{32}$	36 $\frac{3}{16}$	36 $\frac{1}{4}$	36 $\frac{5}{16}$	36 $\frac{13}{32}$	36 $\frac{15}{32}$	36 $\frac{17}{32}$
34 . 6	35 $\frac{15}{16}$	36	36 $\frac{3}{32}$	36 $\frac{5}{32}$	36 $\frac{7}{32}$	36 $\frac{5}{16}$	36 $\frac{3}{8}$	36 $\frac{7}{16}$
34 . 7	35 $\frac{7}{8}$	35 $\frac{15}{16}$	36	36 $\frac{1}{16}$	36 $\frac{1}{8}$	36 $\frac{7}{32}$	36 $\frac{9}{32}$	36 $\frac{3}{8}$
34 . 8	35 $\frac{25}{32}$	35 $\frac{27}{32}$	35 $\frac{29}{32}$	36	36 $\frac{1}{16}$	36 $\frac{1}{8}$	36 $\frac{3}{16}$	36 $\frac{9}{32}$
34 . 9	35 $\frac{11}{16}$	35 $\frac{3}{4}$	35 $\frac{27}{32}$	35 $\frac{29}{32}$	35 $\frac{31}{32}$	36 $\frac{1}{32}$	36 $\frac{1}{8}$	36 $\frac{3}{16}$
34 . 10	35 $\frac{19}{32}$	35 $\frac{21}{32}$	35 $\frac{3}{4}$	35 $\frac{13}{16}$	35 $\frac{7}{8}$	35 $\frac{31}{32}$	36 $\frac{1}{32}$	36 $\frac{3}{32}$
34 . 11	35 $\frac{17}{32}$	35 $\frac{19}{32}$	35 $\frac{21}{32}$	35 $\frac{23}{32}$	35 $\frac{13}{16}$	35 $\frac{7}{8}$	35 $\frac{15}{16}$	36

Change de Paris sur Amsterdam.

Suite du Change d'Amsterdam sur Londres.

	62	62 $\frac{1}{8}$	62 $\frac{1}{4}$	62 $\frac{3}{8}$	62 $\frac{1}{2}$	62 $\frac{5}{8}$	62 $\frac{3}{4}$	62 $\frac{7}{8}$
35 l.	35 $\frac{7}{16}$	35 $\frac{1}{2}$	35 $\frac{9}{16}$	35 $\frac{21}{32}$	35 $\frac{23}{32}$	35 $\frac{25}{32}$	35 $\frac{27}{32}$	35 $\frac{15}{16}$
35. 1	35 $\frac{11}{32}$	35 $\frac{13}{32}$	35 $\frac{1}{2}$	35 $\frac{9}{16}$	35 $\frac{5}{8}$	35 $\frac{11}{16}$	35 $\frac{25}{32}$	35 $\frac{27}{32}$
35. 2	35 $\frac{1}{4}$	35 $\frac{11}{32}$	35 $\frac{13}{32}$	35 $\frac{15}{32}$	35 $\frac{17}{32}$	35 $\frac{5}{8}$	35 $\frac{11}{16}$	35 $\frac{3}{4}$
35. 3	35 $\frac{3}{16}$	35 $\frac{1}{4}$	35 $\frac{5}{16}$	35 $\frac{13}{32}$	35 $\frac{15}{32}$	35 $\frac{17}{32}$	35 $\frac{19}{32}$	35 $\frac{11}{16}$
35. 4	35 $\frac{3}{32}$	35 $\frac{5}{32}$	35 $\frac{1}{4}$	35 $\frac{5}{16}$	35 $\frac{3}{8}$	35 $\frac{7}{16}$	35 $\frac{17}{32}$	35 $\frac{19}{32}$
35. 5	35	35 $\frac{3}{32}$	35 $\frac{5}{32}$	35 $\frac{7}{32}$	35 $\frac{9}{32}$	35 $\frac{3}{8}$	35 $\frac{7}{16}$	35 $\frac{1}{2}$
35. 6	34 $\frac{15}{16}$	35	35 $\frac{1}{16}$	35 $\frac{5}{32}$	35 $\frac{7}{32}$	35 $\frac{9}{32}$	35 $\frac{11}{32}$	35 $\frac{7}{16}$
35. 7	34 $\frac{27}{32}$	34 $\frac{15}{16}$	35	35 $\frac{1}{16}$	35 $\frac{1}{8}$	35 $\frac{3}{16}$	35 $\frac{9}{32}$	35 $\frac{11}{32}$
35. 8	34 $\frac{25}{32}$	34 $\frac{27}{32}$	34 $\frac{29}{32}$	34 $\frac{31}{32}$	35 $\frac{1}{16}$	35 $\frac{1}{8}$	35 $\frac{3}{16}$	35 $\frac{1}{4}$
35. 9	34 $\frac{11}{16}$	34 $\frac{3}{4}$	34 $\frac{27}{32}$	34 $\frac{29}{32}$	34 $\frac{31}{32}$	35 $\frac{1}{32}$	35 $\frac{3}{32}$	35 $\frac{3}{16}$
35. 10	34 $\frac{19}{32}$	34 $\frac{11}{16}$	34 $\frac{3}{4}$	34 $\frac{13}{16}$	34 $\frac{7}{8}$	34 $\frac{31}{32}$	35 $\frac{1}{32}$	35 $\frac{3}{32}$
35. 11	34 $\frac{17}{32}$	34 $\frac{19}{32}$	34 $\frac{21}{32}$	34 $\frac{3}{4}$	34 $\frac{13}{16}$	34 $\frac{7}{8}$	34 $\frac{15}{16}$	35
36.	34 $\frac{7}{16}$	34 $\frac{1}{2}$	34 $\frac{19}{32}$	34 $\frac{21}{32}$	34 $\frac{23}{32}$	34 $\frac{25}{32}$	34 $\frac{7}{8}$	34 $\frac{15}{16}$
36. 1	34 $\frac{3}{8}$	34 $\frac{7}{16}$	34 $\frac{1}{2}$	34 $\frac{19}{32}$	34 $\frac{21}{32}$	34 $\frac{23}{32}$	34 $\frac{25}{32}$	34 $\frac{27}{32}$
36. 2	34 $\frac{9}{32}$	34 $\frac{11}{32}$	34 $\frac{7}{16}$	34 $\frac{1}{2}$	34 $\frac{9}{16}$	34 $\frac{5}{8}$	34 $\frac{11}{16}$	34 $\frac{25}{32}$
36. 3	34 $\frac{7}{32}$	34 $\frac{9}{32}$	34 $\frac{11}{32}$	34 $\frac{13}{32}$	34 $\frac{15}{32}$	34 $\frac{9}{16}$	34 $\frac{5}{8}$	34 $\frac{11}{16}$

ON devroit donner ici une explication femblable à celle qui eft à la tête des Changes de Paris, Londres & Amfterdam ; mais comme ce feroit une répétition inutile, on fe contentera de dire, que toute la difference des Tables qui fuivent à celles qui précédent, ne confifte que dans la tranfpofition du Change d'Amfterdam fur Londres, à la place duquel on a établi celui d'Amfterdam fur Hambourg, en le fixant depuis 31. 8. jufques & compris 33. ftuyvers 7. pennings d'Hollande pour un Daler de deux Marcs lūbs à Hambourg.

Ainfi les Tables fuivantes indiqueront le pair des Changes de Paris, Hambourg & Amfterdam, fuivant le cours de cette derniere Place ; de forte que fi le Change fur Amfterdam eft à Paris à 58 ½ d. & que celui d'Amfterdam fur Hambourg foit à 32. 6. ou 32 ¼, comme quelques-uns le cottent, il faudra que par un rapport égal, le Change de Paris fur Hambourg foit à 166 liv. pour 100 Marcs lūbs ou Banco, de même qu'on le peut voir au fol. 26. finon il y aura une difproportion dans ces trois Changes, dont Meffieurs les Banquiers pourront tirer avantage, ce qui eft le fruit de la fpéculation.

Change de Paris sur Amsterdam.

Change d'Amsterdam sur Hambourg.	48	48 1/8	48 1/4	48 3/8	48 1/2	48 5/8	48 3/4	48 7/8
31.8	196 7/8	196 3/8	195 7/8	195 3/8	194 7/8	194 3/8	193 7/8	193 3/8
31.9	197 1/4	196 3/4	196 1/4	195 3/4	195 1/4	194 3/4	194 1/4	193 3/4
31.10	197 5/8	197 1/8	196 5/8	196 1/8	195 5/8	195 1/8	194 5/8	194 1/8
31.11	198	197 1/2	197	196 1/2	196	195 1/2	195	194 1/2
31.12	198 7/16	197 7/8	197 3/8	196 7/8	196 3/8	195 7/8	195 3/8	194 7/8
31.13	198 7/8	198 1/4	197 3/4	197 1/4	196 3/4	196 1/4	195 3/4	195 1/4
31.14	199 1/4	198 3/4	198 1/4	197 5/8	197 1/8	196 5/8	196 1/8	195 5/8
31.15	199 5/8	199 1/8	198 5/8	198 1/16	197 1/2	197	196 1/2	196
32.	200	199 1/2	199	198 1/2	198	197 3/8	196 7/8	196 3/8
32.1	200 3/8	199 7/8	199 3/8	198 15/16	198 3/8	197 7/8	197 1/4	196 3/4
32.2	200 3/4	200 1/4	199 3/4	199 1/4	198 3/4	198 1/4	197 3/4	197 1/4
32.3	201 1/8	200 5/8	200 1/8	199 5/8	199 1/8	198 5/8	198 1/8	197 1/8
32.4	201 9/16	201	200 1/2	200	199 1/2	199	198 1/2	198
32.5	202	201 3/8	200 7/8	200 3/8	199 7/8	199 3/8	198 7/8	198 3/8
32.6	202 3/8	201 7/8	201 1/4	200 3/4	200 1/4	199 3/4	199 1/4	198 3/4
32.7	202 3/4	202 1/4	201 5/8	201 1/8	200 5/8	200 1/8	199 5/8	199 1/8

	Change de Paris sur Amsterdam.							
	48	48 ⅛	48 ¼	48 ⅜	48 ½	48 ⅝	48 ¾	48 ⅞
32. 8	203 ¼	202 ⅜	202 ⅛	201 ½	201	200 ½	200	199 ½
32. 9	203 ½	203	202 ½	202	201 ⅜	200 ⅞	200 ⅜	199 ⅞
32. 10	203 ⅞	203 ⅜	202 ⅞	202 ⅜	201 ¾	201 ¼	200 ¾	200 ¼
32. 11	204 ¼	203 ¾	203 ¼	202 ¾	202 ¼	201 ⅝	201 ⅛	200 ⅝
32. 12	204 11/16	204 ⅛	203 ⅝	203 ⅛	202 ⅝	202	201 ½	201
32. 13	205 ⅛	204 ½	204	203 ½	203	202 ½	201 ⅞	201 ⅜
32. 14	205 ½	204 15/16	204 ⅜	203 ⅞	203 ⅜	202 ⅞	202 ¼	201 ¾
32. 15	205 ⅞	205 ⅜	204 ¾	204 ¼	203 ¾	203 ¼	202 ¾	202 ¼
33.	206 ¼	205 ¾	205 ⅛	204 ⅝	204 ⅛	203 ⅝	203 ⅛	202 ⅝
33. 1	206 ⅝	206 ⅛	205 ⅝	205	204 ½	204	203 ½	203
33. 2	207	206 ½	206	205 ⅜	204 ⅞	204 ⅜	203 ⅞	203 ⅜
33. 3	207 ⅜	206 ⅞	206 ⅜	205 ⅞	205 ¼	204 ¾	204 ¼	203 ¾
33. 4	207 13/16	207 ¼	206 ¾	206 ¼	205 ⅝	205 ⅛	204 ⅝	204 ⅛
33. 5	208 ¼	207 ⅝	207 ⅛	206 ⅝	206	205 ½	205	204 ½
33. 6	208 ⅝	208	207 ½	207	206 ½	205 ⅞	205 ⅜	204 ⅞
33. 7	209	208 ½	207 ⅞	207 ⅜	206 ⅞	206 ¼	205 ¾	205 ¼

Suite du Change d'Amsterdam sur Hambourg.

F

PARIS, HAMBOURG.

Change d'Amsterdam sur Hambourg.	Change de Paris sur Amsterdam.							
	49	49 1/8	49 1/4	49 3/8	49 1/2	49 5/8	49 3/4	49
31. 8	192 7/8	192 3/8	191 7/8	191 3/8	190 7/8	190 3/8	190	189
31. 9	193 1/4	192 3/4	192 1/4	191 3/4	191 1/4	190 3/4	190 3/8	189
31. 10	193 5/8	193 1/8	192 5/8	192 1/8	191 5/8	191 1/8	190 3/4	190
31. 11	194	193 1/2	193	192 1/2	192	191 5/8	191 1/8	190
31. 12	194 3/8	193 7/8	193 3/8	192 7/8	192 3/8	192	191 1/2	191
31. 13	194 3/4	194 1/4	193 3/4	193 1/4	192 3/4	192 3/8	191 7/8	191
31. 14	195 1/8	194 5/8	194 1/8	193 5/8	193 1/8	192 3/4	192 1/4	191
31. 15	195 1/2	195	194 1/2	194	193 1/2	193 1/8	192 5/8	192
32.	195 7/8	195 3/8	194 7/8	194 3/8	194	193 1/2	193	192
32. 1	196 1/4	195 3/4	195 1/4	194 3/4	194 3/8	193 7/8	193 3/8	192
32. 2	196 5/8	196 1/8	195 3/4	195 1/4	194 3/4	194 1/4	193 3/4	193
32. 3	197 1/8	196 5/8	196 1/8	195 5/8	195 1/8	194 5/8	194 1/8	193
32. 4	197 1/2	197	196 1/2	196	195 1/2	195	194 1/2	194
32. 5	197 7/8	197 3/8	196 7/8	196 3/8	195 7/8	195 3/8	194 7/8	194
32. 6	198 1/4	197 3/4	197 1/4	196 3/4	196 1/4	195 3/4	195 1/4	194
32. 7	198 5/8	198 1/8	197 5/8	197 1/8	196 5/8	196 1/8	195 5/8	195

Suite du Change d'Amsterdam sur Hambourg.	Change de Paris sur Amsterdam.							
	49	49 1/8	49 1/4	49 3/8	49 1/2	49 5/8	49 3/4	49 7/8
32. 8	199	198 1/2	198	197 1/2	197	196 1/2	196	195 1/2
32. 9	199 3/8	198 7/8	198 3/8	197 7/8	197 3/8	196 7/8	196 3/8	195 7/8
32. 10	199 3/4	199 1/4	198 3/4	198 1/4	197 3/4	197 1/4	196 3/4	196 1/4
32. 11	200 1/8	199 5/8	199 1/8	198 5/8	198 1/8	197 5/8	197 1/8	196 5/8
32. 12	200 1/2	200	199 1/2	199	198 1/2	198	197 1/2	197
32. 13	200 7/8	200 3/8	199 7/8	199 3/8	198 7/8	198 3/8	197 7/8	197 3/8
32. 14	201 1/4	200 3/4	200 1/4	199 3/4	199 1/4	198 3/4	198 1/4	197 3/4
32. 15	201 5/8	201 1/8	200 5/8	200 1/8	199 5/8	199 1/8	198 5/8	198 1/8
33.	202	201 1/2	201	200 1/2	200	199 1/2	199	198 1/2
33. 1	202 3/8	201 7/8	201 3/8	200 7/8	200 3/8	199 7/8	199 3/8	198 7/8
33. 2	202 3/4	202 3/8	201 3/4	201 1/4	200 3/4	200 1/4	199 3/4	199 1/4
33. 3	203 1/4	202 3/4	202 1/8	201 5/8	201 1/8	200 5/8	200 1/8	199 5/8
33. 4	203 5/8	203	202 1/2	202	201 1/2	201	200 1/2	200
33. 5	204	203 3/8	202 7/8	202 3/8	201 7/8	201 3/8	200 7/8	200 3/8
33. 6	204 3/8	203 7/8	203 1/4	202 3/4	202 1/4	201 3/4	201 1/4	200 3/4
33. 7	204 3/4	204 1/4	203 5/8	203 1/8	202 5/8	202 1/8	201 5/8	201 1/8

Change de Paris sur Amsterdam.

Change d'Amsterdam sur Hambourg.	50	50 1/8	50 1/4	50 3/8	50 1/2	50 5/8	50 3/4	50 7/8
31. 8	189	188 1/2	188	187 1/8	187 1/8	186 5/8	186 1/4	185 3/4
31. 9	189 3/8	188 7/8	188 5/8	188	187 1/2	187	186 5/8	186 1/8
31. 10	189 3/4	189 1/4	188 3/4	188 3/8	187 7/8	187 3/8	187	186 1/4
31. 11	190 1/8	189 5/8	189 1/8	188 3/4	188 1/4	187 3/4	187 3/8	186 7/8
31. 12	190 1/2	190	189 1/2	189 1/8	188 1/8	188 1/8	187 3/4	187 1/4
31. 13	190 7/8	190 3/8	189 7/8	189 1/2	189	188 1/2	188	187 5/8
31. 14	191 1/4	190 3/4	190 1/4	189 7/8	189 3/8	188 7/8	188 3/8	188
31. 15	191 5/8	191 1/8	190 5/8	190 1/4	189 3/4	189 1/4	188 3/4	188 3/8
32.	192	191 1/2	191	190 5/8	190 1/8	189 5/8	189 1/8	188 3/4
32. 1	192 3/8	191 7/8	191 3/8	191	190 1/2	190	189 1/2	189 1/8
32. 2	192 3/4	192 1/4	191 3/4	191 3/8	190 7/8	190 3/8	189 7/8	189 3/8
32. 3	193 1/8	192 5/8	192 1/8	191 3/4	191 1/4	190 3/4	190 1/4	189 3/4
32. 4	193 1/2	193	192 1/2	192	191 5/8	191 1/8	190 5/8	190 1/8
32. 5	193 7/8	193 3/8	192 7/8	192 3/8	192	191 1/2	191	190 1/2
32. 6	194 1/4	193 3/4	193 1/4	192 3/4	192 3/8	191 7/8	191 3/8	190 7/8
32. 7	194 1/8	194 1/8	193 1/8	193 1/8	192 3/4	192 1/4	191 3/4	191 1/4

	Change de Paris sur Amsterdam.							
	50	50 $\frac{1}{8}$	50 $\frac{1}{4}$	50 $\frac{3}{8}$	50 $\frac{1}{2}$	50 $\frac{5}{8}$	50 $\frac{3}{4}$	50 $\frac{7}{8}$
32. 8	195	194 $\frac{1}{2}$	194	193 $\frac{1}{2}$	193 $\frac{1}{8}$	192 $\frac{5}{8}$	192 $\frac{1}{8}$	191 $\frac{5}{8}$
32. 9	195 $\frac{3}{8}$	194 $\frac{7}{8}$	194 $\frac{3}{8}$	193 $\frac{7}{8}$	193 $\frac{1}{2}$	193	192 $\frac{1}{2}$	192
32. 10	195 $\frac{3}{4}$	195 $\frac{1}{4}$	194 $\frac{3}{4}$	194 $\frac{1}{4}$	193 $\frac{7}{8}$	193 $\frac{3}{8}$	192 $\frac{7}{8}$	192 $\frac{3}{8}$
32. 11	196 $\frac{1}{8}$	195 $\frac{5}{8}$	195 $\frac{1}{8}$	194 $\frac{5}{8}$	194 $\frac{1}{8}$	193 $\frac{3}{4}$	193 $\frac{1}{4}$	192 $\frac{3}{4}$
32. 12	196 $\frac{1}{2}$	196	195 $\frac{1}{2}$	195	194 $\frac{1}{2}$	194 $\frac{1}{8}$	193 $\frac{5}{8}$	193 $\frac{1}{8}$
32. 13	196 $\frac{7}{8}$	196 $\frac{3}{8}$	195 $\frac{7}{8}$	195 $\frac{3}{8}$	194 $\frac{7}{8}$	194 $\frac{1}{2}$	194	193 $\frac{1}{2}$
32. 14	197 $\frac{1}{4}$	196 $\frac{3}{4}$	196 $\frac{1}{4}$	195 $\frac{3}{4}$	195 $\frac{1}{4}$	194 $\frac{7}{8}$	194 $\frac{3}{8}$	193 $\frac{7}{8}$
32. 15	197 $\frac{5}{8}$	197 $\frac{1}{8}$	196 $\frac{5}{8}$	196 $\frac{1}{8}$	195 $\frac{5}{8}$	195 $\frac{1}{8}$	194 $\frac{3}{4}$	194 $\frac{1}{4}$
33.	198	197 $\frac{1}{2}$	197	196 $\frac{1}{2}$	196	195 $\frac{1}{2}$	195 $\frac{1}{8}$	194 $\frac{5}{8}$
33. 1	198 $\frac{3}{8}$	197 $\frac{7}{8}$	197 $\frac{3}{8}$	196 $\frac{7}{8}$	196 $\frac{3}{8}$	195 $\frac{7}{8}$	195 $\frac{1}{2}$	195
33. 2	198 $\frac{3}{4}$	198 $\frac{1}{4}$	197 $\frac{3}{4}$	197 $\frac{1}{4}$	196 $\frac{3}{4}$	196 $\frac{1}{4}$	195 $\frac{7}{8}$	195 $\frac{3}{8}$
33. 3	199 $\frac{1}{8}$	198 $\frac{5}{8}$	198 $\frac{1}{8}$	197 $\frac{5}{8}$	197 $\frac{1}{8}$	196 $\frac{5}{8}$	196 $\frac{1}{8}$	195 $\frac{3}{4}$
33. 4	199 $\frac{1}{2}$	199	198 $\frac{1}{2}$	198	197 $\frac{1}{2}$	197	196 $\frac{1}{2}$	196 $\frac{1}{8}$
33. 5	199 $\frac{7}{8}$	199 $\frac{3}{8}$	198 $\frac{7}{8}$	198 $\frac{3}{8}$	197 $\frac{7}{8}$	197 $\frac{3}{8}$	196 $\frac{7}{8}$	196 $\frac{1}{2}$
33. 6	200 $\frac{1}{4}$	199 $\frac{3}{4}$	199 $\frac{1}{4}$	198 $\frac{3}{4}$	198 $\frac{1}{4}$	197 $\frac{3}{4}$	197 $\frac{1}{4}$	196 $\frac{3}{4}$
33. 7	200 $\frac{5}{8}$	200 $\frac{1}{8}$	199 $\frac{5}{8}$	199 $\frac{1}{8}$	198 $\frac{5}{8}$	198 $\frac{1}{8}$	197 $\frac{5}{8}$	197 $\frac{1}{8}$

Suite du Change d'Amsterdam sur Hambourg.

Change d'Amsterdam sur Hambourg	Change de Paris sur Amsterdam							
	51	51 ⅛	51 ¼	51 ⅜	51 ½	51 ⅝	51 ¾	51 ⅞
31. 8	185 ¼	184 ⅞	184 ⅜	184	183 ½	183	182 ⅝	182 ⅛
31. 9	185 ⅝	185 ¼	184 ¾	184 ¼	183 ⅞	183 ⅜	183	182 ½
31. 10	186	185 ⅝	185 ⅛	184 ⅝	184 ¼	183 ¾	183 ⅜	182 ⅞
31. 11	186 ⅜	186	185 ½	185	184 ⅝	184 ⅛	183 ¾	183 ¼
31. 12	186 ¾	186 ⅜	185 ⅞	185 ⅜	185	184 ½	184 ⅛	183 ⅝
31. 13	187 ⅛	186 ¾	186 ¼	185 ¾	185 ⅜	184 ⅞	184 ½	184
31. 14	187 ½	187 ⅛	186 ⅝	186 ⅛	185 ¾	185 ¼	184 ⅞	184 ⅜
31. 15	187 ⅞	187 ½	187	186 ½	186 ⅛	185 ⅝	185 ¼	184 ¾
32. 0	188 ¼	187 ⅞	187 ⅜	186 ⅞	186 ½	186	185 ⅝	185 ⅛
32. 1	188 ⅝	188 ¼	187 ¾	187 ¼	186 ⅞	186 ⅜	186	185 ½
32. 2	189	188 ⅝	188 ⅛	187 ⅝	187 ¼	186 ¾	186 ⅜	185 ⅞
32. 3	189 ⅜	189	188 ½	188	187 ⅝	187 ⅛	186 ¾	186 ¼
32. 4	189 ¾	189 ⅜	188 ⅞	188 ⅜	188	187 ½	187 ⅛	186 ⅝
32. 5	190 ⅛	189 ¾	189 ¼	188 ¾	188 ⅜	187 ⅞	187 ½	187
32. 6	190 ½	190 ⅛	189 ⅝	189 ⅛	188 ¾	188 ¼	187 ⅞	187 ⅜
32. 7	190 ¾	190 ⅜	189 ⅞	189 ⅜	189	188 ½	188 ⅛	187 ⅝

ET AMSTERDAM.

Change de Paris sur Amsterdam.

Suite du Change d'Amsterdam sur Hambourg.

	5 l	5 l 1/8	5 l 1/4	5 l 3/8	5 l 1/2	5 l 5/8	5 l 3/4	5 l 7/8
32. 8	191 1/8	190 3/4	190 1/4	189 3/4	189 3/8	188 7/8	188 3/8	188
32. 9	191 1/2	191 1/8	190 5/8	190 1/8	189 5/8	189 1/4	188 3/4	188 3/8
32. 10	191 7/8	191 1/2	191	190 1/2	190	189 5/8	189 1/8	188
32. 11	192 1/4	191 3/4	191 3/8	190 7/8	190 3/8	190	189 1/2	189
32. 12	192 5/8	192 1/8	191 3/4	191 1/4	190 3/4	190 3/8	189 7/8	189
32. 13	193	192 1/2	192 1/8	191 5/8	191 1/8	190 5/8	190 1/4	189 3/4
32. 14	193 3/8	192 7/8	192 1/2	192	191 1/2	191	190 5/8	190
32. 15	193 3/4	193 1/4	192 3/4	192 3/8	191 7/8	191 1/2	191	190 1/2
33.	194 1/8	193 5/8	193 1/8	192 3/4	192 1/4	191 3/4	191 1/4	190 7/8
33. 1	194 1/2	194	193 1/2	193 1/8	192 5/8	192 1/8	191 5/8	191 1/4
33. 2	194 7/8	194 3/8	193 7/8	193 3/8	193	192 1/2	192	191 5/8
33. 3	195 1/4	194 3/4	194 1/4	193 3/4	193 3/8	192 7/8	192 3/8	191 7/8
33. 4	195 5/8	195 1/8	194 5/8	194 1/8	193 3/4	193 1/4	192 3/4	192 1/4
33. 5	196	195 1/2	195	194 1/2	194	193 5/8	193 1/8	192 5/8
33. 6	196 3/8	195 7/8	195 3/8	194 7/8	194 3/8	194	193 1/2	193
33. 7	196 3/4	196 1/4	195 3/4	195 1/4	194 3/4	194 1/4	193 7/8	193 3/8

Change de Paris sur Amsterdam.

Change d'Amsterdam sur Hambourg.	52	52 ⅛	52 ¼	52 ⅜	52 ½	52 ⅝	52 ¾	52 ⅞
31. 8	181 ¾	181 ¼	180 ⅞	180 ½	180	179 ⅝	179 ⅛	178
31. 9	182 ⅛	181 ⅝	181 ¼	180 ¾	180 ⅜	179 ⅞	179 ½	179
31. 10	182 ½	182	181 ⅝	181 ⅛	180 ¾	180 ¼	179 ⅞	179
31. 11	182 ¾	182 ⅜	182	181 ½	181 ⅛	180 ⅝	180 ¼	179
31. 12	183 ⅛	182 ⅝	182 ¼	181 ¾	181 ⅜	181	180 ⅝	180
31. 13	183 ½	183 ⅛	182 ⅝	182 ¼	181 ¾	181 ⅜	180 ⅞	180
31. 14	183 ⅞	183 ½	183	182 ⅝	182 ⅛	181 ¾	181 ¼	180
31. 15	184 ¼	183 ⅞	183 ½	183 ⅛	182 ⅞	182 ½	182 ⅛	181
32.	184 ⅝	184 ⅛	183 ¾	183 ¼	182 ⅞	182 ⅜	182	181
32. 1	185	184 ½	184 ⅛	183 ⅝	183 ¼	182 ¾	182 ⅜	181
32. 2	185 ¼	184 ⅞	184 ½	184	183 ⅝	183 ¼	182 ¾	182
32. 3	185 ⅝	185 ¼	184 ¾	184 ⅜	183 ⅞	183 ½	183	182
32. 4	186	185 ⅝	185 ⅛	184 ¾	184 ¼	183 ⅞	183 ⅜	183
32. 5	186 ⅛	186	185 ½	185 ⅛	184 ⅝	184 ¼	183 ¾	183
32. 6	186 ¾	186 ⅜	185 ⅞	185 ½	185	184 ½	184 ⅛	183
32. 7	187 ⅛	186 ¾	186 ¼	185 ¾	185 ⅜	184 ⅞	184 ½	184

Suite du Change d'Amsterdam sur Hambourg.

Change de Paris sur Amsterdam.								
	52	52 ⅛	52 ¼	52 ⅜	52 ½	52 ⅝	52 ¾	52 ⅞
32. 8	187 ½	187	186 ⅝	186 ⅛	185 ¾	185 ¼	184 ⅞	184 ⅜
32. 9	187 ⅞	187 ⅜	187	186 ½	186 ⅜	185 ⅝	185 ¼	184 ¾
32. 10	188 ¼	187 ¾	187 ⅜	186 ⅞	186 ⅜	186	185 ½	185 ⅛
32. 11	188 ⅝	188 ⅛	187 ⅝	187 ¼	186 ¾	186 ⅜	185 ⅞	185 ½
32. 12	189	188 ½	188	187 ⅝	187 ¼	186 ¾	186 ¼	185 ⅞
32. 13	189 ¼	188 ⅞	188 ⅜	188	187 ½	187	186 ⅝	186
32. 14	189 ⅝	189 ¼	188 ¾	188 ¼	187 ¾	187 ⅜	187	186
32. 15	190	189 ⅝	189 ⅜	188 ¾	188 ⅛	187 ¾	187 ⅛	186 ⅞
33.	190 ⅜	189 ⅞	189 ½	189 ⅛	188 ⅝	188 ⅛	187 ⅝	187 ¼
33. 1	190 ¾	190 ¼	189 ⅝	189 ⅜	188 ¾	188 ¼	188	187 ⅝
33. 2	191 ⅛	190 ⅝	190 ¼	189 ¾	189 ¼	188 ⅞	188 ⅜	188
33. 3	191 ½	191	190 ½	190 ⅛	189 ¾	189 ¼	188 ¾	188 ¼
33. 4	191 ⅞	191 ⅜	190 ⅞	190 ½	190	189 ½	189 ⅛	188
33. 5	192 3/16	191 ¾	191 ¼	190 ⅞	190 ⅜	189 ⅞	189 ½	189
33. 6	192 ½	192 ⅛	191 ⅝	191 ⅛	190 ¾	190 ¼	189 ¾	189 ⅜
33. 7	192 ⅞	192 ½	192	191 ½	191 ⅛	190 ⅝	190 ⅛	189 ¾

Change de Paris sur Amsterdam.

Change d'Amsterdam sur Hambourg.	53	53 1/8	53 1/4	53 3/8	53 1/2	53 5/8	53 3/4	53 7/8
31. 8	178 3/8	177 7/8	177 1/2	177	176 5/8	176 1/8	175 7/8	175 3/8
31. 9	178 5/8	178 1/4	177 7/8	177 3/8	177	176 1/2	176 1/8	175 3/4
31.10	179	178 5/8	178 1/8	177 3/4	177 1/4	176 7/8	176 1/2	176 1/8
31.11	179 3/8	179	178 1/2	178 1/8	177 5/8	177 1/4	176 7/8	176 1/2
31.12	179 3/4	179 1/4	178 7/8	178 1/2	178	177 5/8	177 1/4	176 7/8
31.13	180 1/8	179 5/8	179 1/4	178 3/4	178 3/8	178	177 1/2	177 1/8
31.14	180 3/8	180	179 5/8	179 1/4	178 3/4	178 3/8	177 7/8	177 1/2
31.15	180 3/4	180 3/8	179 7/8	179 1/2	179 1/8	178 5/8	178 1/4	177 7/8
32.	181 1/8	180 5/8	180 1/4	179 7/8	179 1/2	179	178 5/8	178 1/4
32. 1	181 1/2	181	180 1/8	180 1/4	179 3/4	179 3/8	179	178 1/2
32. 2	181 7/8	181 3/8	181	180 1/2	180 1/8	179 3/4	179 1/4	178 7/8
32. 3	182 1/4	181 3/4	181 1/4	180 7/8	180 1/2	180 1/8	179 5/8	179 1/4
32. 4	182 1/2	182 1/8	181 5/8	181 1/4	180 7/8	180 3/8	180	179 5/8
32. 5	182 7/8	182 1/2	182	181 5/8	181 1/8	180 3/4	180 3/8	179 7/8
32. 6	183 1/4	182 7/8	182 3/8	182	181 1/2	181 1/8	180 3/4	180 1/4
32. 7	183 5/8	183 1/8	182 3/4	182 3/8	181 7/8	181 1/2	181	180 5/8

Change de Paris sur Amsterdam.

Suite du Change d'Amsterdam sur Hambourg.	53	53 ⅛	53 ¼	53 ⅜	53 ½	53 ⅝	53 ¾	53 ⅞
32. 8	184	183 ½	183 ⅛	182 ⅝	182 ¼	181 ⅞	181 ⅜	181
32. 9	184 ⅜	183 ⅞	183 ½	183	182 ⅝	182 ⅛	181 ¾	181 ⅜
32. 10	184 ⅝	184 ¼	183 ¾	183 ⅜	183	182 ½	182 ⅛	181 ⅝
32. 11	185	184 ⅝	184 ⅛	183 ¾	183 ¼	182 ⅞	182 ½	182
32. 12	185 ⅜	185	184 ½	184 ⅛	183 ⅝	183 ¼	182 ¾	182
32. 13	185 ¾	185 ¼	184 ⅞	184 ⅜	184	183 ½	183	182 ¼
32. 14	186 ⅛	185 ⅝	185 ¼	184 ¾	184 ⅜	183 ⅞	183	183
32. 15	186 ½	186	185 ⅝	185 ⅛	184 ¾	184 ¼	183 ⅞	183
33.	186 ¾	186 ⅜	185 ⅞	185 ½	185	184 ⅝	184 ⅛	184
33. 1	187 ⅛	186 ¾	186 ¼	185 ⅞	185 ⅜	185	184 ½	184 ⅛
33. 2	187 ¼	187	186 ⅝	186 ⅛	185 ¾	185 ⅜	184 ⅞	184 ¼
33. 3	187 ⅞	187 ⅜	186 ⅞	186 ½	186 ⅛	185 ⅝	185 ¼	184 ¾
33. 4	188 ¼	187 ¾	187 ¼	186 ⅞	186 ½	186	185 ⅝	185 ⅛
33. 5	188 ½	188 ⅛	187 ⅝	187 ¼	186 ¾	186 ⅜	185 ⅞	185 ½
33. 6	188 ⅞	188 ½	188	187 ⅝	187 ⅛	186 ¾	186 ¼	185 ⅞
33. 7	189 ¼	188 ⅞	188 ⅜	188	187 ½	187 1/16	186 ⅝	186 ¼

PARIS, HAMBOURG

Change de Paris sur Amsterdam.

Change d'Amsterdam sur Hambourg.	54	54⅛	54¼	54⅜	54½	54⅝	54¾	54⅞
31. 8	175	174⅝	174¼	173¾	173⅜	173	172⅝	172¼
31. 9	175⅜	175	174½	174⅛	173¾	173⅜	173	172½
31. 10	175¾	175¼	174⅞	174½	174⅛	173⅝	173¼	172⅞
31. 11	176	175⅝	175¼	174⅞	174⅜	174	173⅝	173¼
31. 12	176⅜	176	175⅝	175⅛	174¾	174⅜	174	173⅝
31. 13	176¾	176⅜	175⅞	175½	175⅛	174¾	174⅜	173⅞
31. 14	177⅛	176⅝	176¼	175⅞	175½	175	174⅝	174¼
31. 15	177⅜	177	176⅝	176¼	175¾	175⅜	175	174⅝
32.	177¾	177⅜	177	176½	176⅛	175¾	175⅜	175
32. 1	178⅛	177¾	177¼	176⅞	176½	176⅛	175⅝	175¼
32. 2	178½	178	177⅝	177¼	176⅞	176⅜	176	175⅝
32. 3	178⅞	178⅜	178	177½	177⅛	176¾	176⅜	176
32. 4	179⅛	178¾	178⅜	177⅞	177½	177⅛	176¾	176¼
32. 5	179½	179⅛	178 11/16	178¼	177⅞	177½	177	176⅛
32. 6	179⅞	179½	179	178⅝	178¼	177¾	177⅜	177
32. 7	180¼	179¾	179⅜	179	178½	178⅛	177¾	177⅜

Change de Paris sur Amsterdam.

Suite du Change d'Amsterdam sur Hambourg.

	54	54 ⅛	54 ¼	54 ⅜	54 ½	54 ⅝	54 ¾	54 ⅞
32. 8	180 ½	180 ⅛	179 ¾	179 ¼	178 ⅞	178 ½	178 ⅛	177 ⅝
32. 9	180 ⅞	180 ½	180 ⅛	179 ⅝	179 ¼	178 ⅞	178 ⅜	178
32. 10	181 ¼	180 ⅞	180 ⅜	180	179 ⅝	179 ⅛	178 ¾	178 ⅜
32. 11	181 ⅝	181 ⅛	180 ¾	180 ⅜	179 ⅞	179 ½	179 ⅛	178 ¾
32. 12	182	181 ½	181 ⅛	180 ¾	180 ¼	179 ⅞	179 ½	179
32. 13	182 ¼	181 ⅞	181 ½	181	180 ⅝	180 ¼	179 ¾	179 ⅜
32. 14	182 ⅝	182 ¼	181 ¾	181 ⅜	181	180 ½	180 ⅛	179 ¾
32. 15	183	182 ⅝	182 ⅛	181 ¾	181 ¼	180 ⅞	180 ½	180 ⅛
33.	183 ⅜	182 ⅞	182 ½	182 ⅛	181 ⅝	181 ¼	180 ⅞	180 ⅜
33. 1	183 ⅝	183 ¼	182 ⅞	182 ½	182	181 ⅝	181 ⅛	180 ¾
33. 2	184	183 ⅝	183 ⅛	182 ¾	182 ⅜	181 ⅞	181 ½	181
33. 3	184 ⅜	184	183 ½	183 ⅛	182 ¾	182 ¼	181 ⅞	181 ⅜
33. 4	184 ¾	184 ¼	183 ⅞	183 ½	183	182 ⅝	182 ¼	181 ¾
33. 5	185 ⅛	184 ⅝	184 ¼	183 ¾	183 ⅜	183	182 ½	182 ⅛
33. 6	185 ⅜	185	184 9/16	184 ⅛	183 ¾	183 ¼	182 ⅞	182 ½
33. 7	185 ¾	185 ⅜	184 ⅞	184 ½	184	183 ⅝	183 ¼	182 ¾

	Change de Paris sur Amsterdam.							
	55	55 $\frac{1}{8}$	55 $\frac{1}{4}$	55 $\frac{3}{8}$	55 $\frac{1}{2}$	55 $\frac{5}{8}$	55 $\frac{3}{4}$	55 $\frac{7}{8}$
31. 8	171 $\frac{7}{8}$	171 $\frac{3}{8}$	171	170 $\frac{5}{8}$	170 $\frac{1}{4}$	169 $\frac{7}{8}$	169 $\frac{1}{2}$	169 $\frac{1}{8}$
31. 9	172 $\frac{1}{8}$	171 $\frac{3}{4}$	171 $\frac{3}{8}$	171	170 $\frac{5}{8}$	170 $\frac{1}{4}$	169 $\frac{7}{8}$	169 $\frac{1}{2}$
31. 10	172 $\frac{1}{2}$	172 $\frac{1}{8}$	171 $\frac{3}{4}$	171 $\frac{3}{8}$	171	170 $\frac{9}{16}$	170 $\frac{1}{8}$	169 $\frac{3}{4}$
31. 11	172 $\frac{7}{8}$	172 $\frac{1}{2}$	172	171 $\frac{5}{8}$	171 $\frac{1}{4}$	170 $\frac{7}{8}$	170 $\frac{1}{2}$	170 $\frac{1}{8}$
31. 12	173 $\frac{1}{8}$	172 $\frac{3}{4}$	172 $\frac{3}{8}$	172	171 $\frac{5}{8}$	171 $\frac{1}{4}$	170 $\frac{7}{8}$	170 $\frac{1}{2}$
31. 13	173 $\frac{1}{2}$	173 $\frac{1}{8}$	172 $\frac{3}{4}$	172 $\frac{3}{8}$	172	171 $\frac{5}{8}$	171 $\frac{1}{4}$	170 $\frac{3}{4}$
31. 14	173 $\frac{7}{8}$	173 $\frac{1}{2}$	173 $\frac{1}{8}$	172 $\frac{5}{8}$	172 $\frac{1}{4}$	171 $\frac{7}{8}$	171 $\frac{1}{2}$	171 $\frac{1}{8}$
31. 15	174 $\frac{1}{4}$	173 $\frac{7}{8}$	173 $\frac{3}{8}$	173	172 $\frac{5}{8}$	172 $\frac{1}{4}$	171 $\frac{7}{8}$	171 $\frac{1}{2}$
32.	174 $\frac{1}{2}$	174 $\frac{1}{8}$	173 $\frac{3}{4}$	173 $\frac{3}{8}$	173	172 $\frac{5}{8}$	172 $\frac{1}{4}$	171 $\frac{13}{16}$
32. 1	174 $\frac{7}{8}$	174 $\frac{1}{2}$	174 $\frac{1}{8}$	173 $\frac{3}{4}$	173 $\frac{1}{4}$	172 $\frac{7}{8}$	172 $\frac{1}{2}$	172 $\frac{1}{8}$
32. 2	175 $\frac{1}{4}$	174 $\frac{7}{8}$	174 $\frac{3}{8}$	174	173 $\frac{5}{8}$	173 $\frac{1}{4}$	172 $\frac{7}{8}$	172 $\frac{1}{2}$
32. 3	175 $\frac{5}{8}$	175 $\frac{1}{8}$	174 $\frac{3}{4}$	174 $\frac{3}{8}$	174	173 $\frac{5}{8}$	173 $\frac{1}{4}$	172 $\frac{7}{8}$
32. 4	175 $\frac{7}{8}$	175 $\frac{1}{2}$	175 $\frac{1}{8}$	174 $\frac{3}{4}$	174 $\frac{3}{8}$	173 $\frac{7}{8}$	173 $\frac{1}{2}$	173 $\frac{1}{8}$
32. 5	176 $\frac{1}{4}$	175 $\frac{7}{8}$	175 $\frac{1}{2}$	175	174 $\frac{5}{8}$	174 $\frac{1}{4}$	173 $\frac{7}{8}$	173 $\frac{1}{2}$
32. 6	176 $\frac{5}{8}$	176 $\frac{1}{4}$	175 $\frac{3}{4}$	175 $\frac{3}{8}$	175	174 $\frac{5}{8}$	174 $\frac{1}{4}$	173 $\frac{7}{8}$
32. 7	176 $\frac{7}{8}$	176 $\frac{1}{2}$	176 $\frac{1}{8}$	175 $\frac{3}{4}$	175 $\frac{3}{8}$	175	174 $\frac{1}{2}$	174 $\frac{1}{8}$

Change d'Amsterdam sur Hambourg.

Change de Paris sur Amsterdam.

Suite du Change d'Amsterdam sur Hambourg.

	55	$55\frac18$	$55\frac14$	$55\frac38$	$55\frac12$	$55\frac58$	$55\frac34$	$55\frac78$
32. 8	$177\frac14$	$176\frac78$	$176\frac12$	$176\frac18$	$175\frac58$	$175\frac14$	$174\frac78$	$174\frac12$
32. 9	$177\frac58$	$177\frac14$	$176\frac34$	$176\frac38$	176	$175\frac58$	$175\frac14$	$174\frac78$
32.10	178	$177\frac12$	$177\frac18$	$176\frac34$	$176\frac38$	176	$175\frac12$	$175\frac18$
32.11	$178\frac14$	$177\frac78$	$177\frac12$	$177\frac18$	$176\frac34$	$176\frac14$	$175\frac78$	$175\frac12$
32.12	$178\frac58$	$178\frac14$	$177\frac78$	$177\frac38$	177	$176\frac58$	$176\frac14$	$175\frac78$
32.13	179	$178\frac58$	$178\frac18$	$177\frac34$	$177\frac38$	177	$176\frac58$	$176\frac18$
32.14	$179\frac38$	$178\frac78$	$178\frac12$	$178\frac18$	$177\frac34$	$177\frac14$	$176\frac78$	$176\frac12$
32.15	$179\frac58$	$179\frac14$	$178\frac78$	$178\frac12$	178	$177\frac58$	$177\frac14$	$176\frac78$
33.	180	$179\frac58$	$179\frac18$	$178\frac34$	$178\frac38$	178	$177\frac58$	$177\frac18$
33. 1	$180\frac38$	$179\frac78$	$179\frac12$	$179\frac18$	$178\frac34$	$178\frac38$	$177\frac78$	$177\frac12$
33. 2	$180\frac58$	$180\frac14$	$179\frac78$	$179\frac12$	179	$178\frac58$	$178\frac14$	$177\frac78$
33. 3	181	$180\frac58$	$180\frac14$	$179\frac34$	$179\frac38$	179	$178\frac58$	$178\frac14$
33. 4	$181\frac38$	181	$180\frac12$	$180\frac18$	$179\frac34$	$179\frac38$	$178\frac78$	$178\frac12$
33. 5	$181\frac34$	$181\frac14$	$180\frac78$	$180\frac12$	180	$179\frac58$	$179\frac14$	$178\frac78$
33. 6	182	$181\frac58$	$181\frac14$	$180\frac78$	$180\frac38$	180	$179\frac58$	$179\frac14$
33. 7	$182\frac38$	182	$181\frac12$	$181\frac18$	$180\frac34$	$180\frac38$	$179\frac78$	$179\frac12$

Change de Paris sur Amsterdam.

Change d'Amsterdam sur Hambourg.	56	56 $\frac{1}{8}$	56 $\frac{1}{4}$	56 $\frac{3}{8}$	56 $\frac{1}{2}$	56 $\frac{5}{8}$	56 $\frac{3}{4}$	56 $\frac{7}{8}$
31. 8	168 $\frac{3}{4}$	168 $\frac{3}{8}$	168	167 $\frac{5}{8}$	167 $\frac{1}{4}$	166 $\frac{7}{8}$	166 $\frac{1}{2}$	166 $\frac{1}{8}$
31. 9	169 $\frac{1}{8}$	168 $\frac{3}{4}$	168 $\frac{1}{3}$	168	167 $\frac{5}{8}$	167 $\frac{1}{4}$	166 $\frac{7}{8}$	166 $\frac{1}{2}$
31. 10	169 $\frac{3}{8}$	169	168 $\frac{2}{3}$	168 $\frac{1}{4}$	167 $\frac{7}{8}$	167 $\frac{1}{2}$	167 $\frac{1}{8}$	166 $\frac{7}{8}$
31. 11	169 $\frac{3}{4}$	169 $\frac{3}{8}$	169	168 $\frac{5}{8}$	168 $\frac{1}{4}$	167 $\frac{7}{8}$	167 $\frac{1}{2}$	167 $\frac{1}{8}$
31. 12	170 $\frac{1}{8}$	169 $\frac{3}{4}$	169 $\frac{1}{3}$	169	168 $\frac{5}{8}$	168 $\frac{1}{4}$	167 $\frac{7}{8}$	167 $\frac{1}{2}$
31. 13	170 $\frac{3}{8}$	170	169 $\frac{2}{3}$	169 $\frac{1}{4}$	168 $\frac{7}{8}$	168 $\frac{1}{2}$	168 $\frac{1}{8}$	167 $\frac{3}{4}$
31. 14	170 $\frac{3}{4}$	170 $\frac{3}{8}$	170	169 $\frac{5}{8}$	169 $\frac{1}{4}$	168 $\frac{7}{8}$	168 $\frac{1}{2}$	168 $\frac{1}{8}$
31. 15	171 $\frac{1}{8}$	170 $\frac{3}{4}$	170 $\frac{1}{3}$	170	169 $\frac{5}{8}$	169 $\frac{1}{4}$	168 $\frac{7}{8}$	168 $\frac{1}{2}$
32.	171 $\frac{3}{8}$	171	170 $\frac{2}{3}$	170 $\frac{1}{4}$	169 $\frac{7}{8}$	169 $\frac{1}{2}$	169 $\frac{1}{8}$	168 $\frac{3}{4}$
32. 1	171 $\frac{3}{4}$	171 $\frac{3}{8}$	171	170 $\frac{5}{8}$	170 $\frac{1}{4}$	169 $\frac{7}{8}$	169 $\frac{1}{2}$	169 $\frac{1}{8}$
32. 2	172 $\frac{1}{8}$	171 $\frac{3}{4}$	171 $\frac{1}{3}$	171	170 $\frac{5}{8}$	170 $\frac{1}{4}$	169 $\frac{7}{8}$	169 $\frac{1}{2}$
32. 3	172 $\frac{3}{8}$	172	171 $\frac{2}{3}$	171 $\frac{1}{4}$	170 $\frac{7}{8}$	170 $\frac{1}{2}$	170 $\frac{1}{8}$	169 $\frac{3}{4}$
32. 4	172 $\frac{3}{4}$	172 $\frac{3}{8}$	172	171 $\frac{5}{8}$	171 $\frac{1}{4}$	170 $\frac{7}{8}$	170 $\frac{1}{2}$	170 $\frac{1}{8}$
32. 5	173 $\frac{1}{8}$	172 $\frac{3}{4}$	172 $\frac{1}{3}$	172	171 $\frac{5}{8}$	171 $\frac{1}{4}$	170 $\frac{7}{8}$	170 $\frac{1}{2}$
32. 6	173 $\frac{7}{16}$	173	172 $\frac{2}{3}$	172 $\frac{1}{4}$	171 $\frac{7}{8}$	171 $\frac{1}{2}$	171 $\frac{1}{8}$	170 $\frac{3}{4}$
32. 7	173 $\frac{3}{4}$	173 $\frac{3}{8}$	173	172 $\frac{3}{8}$	172 $\frac{1}{4}$	171 $\frac{7}{8}$	171 $\frac{1}{2}$	171 $\frac{1}{8}$

ET AMSTERDAM.

Change de Paris sur Amsterdam.

Left margin (vertical label): *Suite du Change d'Amsterdam sur Hambourg.*

	56	56 ⅛	56 ¼	56 ⅜	56 ½	56 ⅝	56 ¾	56 ⅞
32. 8	174 ⅛	173 ¾	173 ⅓	173	172 ⅝	172 ⅛	171 ¾	171 ⅜
32. 9	174 ½	174	173 ⅔	173 ¼	172 ⅞	172 ½	172 ⅛	171 ¾
32. 10	174 ¾	174 ⅜	174	173 ⅝	173 ¼	172 ⅞	172 ½	172 ⅛
32. 11	175 ⅛	174 ¾	174 ⅓	174	173 9/16	173 ⅛	172 ¾	172 ⅜
32. 12	175 ½	175	174 ⅔	174 ¼	173 ⅞	173 ½	173 ⅛	172 ¾
32. 13	175 ¾	175 ⅜	175	174 ⅝	174 ¼	173 ⅞	173 ½	173 ⅛
32. 14	176 ⅛	175 ¾	175 ⅓	175	174 ½	174	173 ¾	173 ⅜
32. 15	176 ½	176	175 ⅔	175 ¼	174 ⅞	174 ½	174 ⅛	173 ¾
33.	176 ¾	176 ⅜	176	175 ⅝	175 ¼	174 ⅞	174 ½	174 ⅛
33. 1	177 ⅛	176 ¾	176 ⅓	176	175 ½	175 ⅛	174 ¾	174 ⅜
33. 2	177 ½	177	176 ⅔	176 ¼	175 ⅞	175 ½	175 ⅛	174 ¾
33. 3	177 ¾	177 ⅜	177	176 ⅝	176 ¼	175 ⅞	175 ½	175 ⅛
33. 4	178 ⅛	177 ¾	177 ⅓	177	176 ½	176 ⅛	175 ¾	175 ⅜
33. 5	178 ½	178 1/16	177 ⅔	177	176 ⅞	176 ½	176 ⅛	175 ¾
33. 6	178 ¾	178 ⅜	178	177 ⅝	177 ¼	176 ⅞	176 ⅜	176
33. 7	179 ⅛	178 ¾	178 ⅓	178	177 ½	177 ⅛	176 ¾	176

Change de Paris ſur Amsterdam.

Change d'Amsterdam ſur Hambourg.	57	57 ⅛	57 ¼	57 ⅜	57 ½	57 ⅝	57 ¾	57 ⅞
31. ſ. 8	165 ¾	165 ⅜	165 ⅛	164 ¾	164 ⅜	164	163 ½	163 ¼
31. 9	166 ⅛	165 ¾	165 ⅜	165	164 ⅝	164 ⅜	164	163 ⅝
31. 10	166 ½	166 ⅛	165 ¾	165 ⅜	165	164 ⅝	164 ¼	163 ⅞
31. 11	166 ¾	166 ⅜	166	165 ⅝	165 ⅜	165	164 ⅝	164 ¼
31. 12	167 ⅛	166 ¾	166 ⅜	166	165 ⅝	165 ¼	164 ⅞	164 ⅝
31. 13	167 ⅜	167 ⅛	166 ¾	166 ⅜	166	165 ⅝	165 ¼	164 ⅞
31. 14	167 ¾	167 ⅜	167	166 ⅝	166 ¼	166	165 ⅝	165 ¼
31. 15	168 ⅛	167 ¾	167 ⅜	167	166 ⅝	166 ¼	165 ⅞	165 ½
32.	168 ⅜	168	167 ⅝	167 ¼	167	166 ⅝	166 ¼	165 ⅞
32. 1	168 ¾	168 ⅜	168	167 ⅝	167 ¼	166 ⅞	166 ½	166 ¼
32. 2	169 ⅛	168 ¾	168 ⅜	168	167 ⅝	167 ¼	166 ⅞	166 ½
32. 3	169 ⅜	169	168 ⅝	168 ¼	167 ⅞	167 ⅝	167 ¼	166 ⅞
32. 4	169 ¾	169 ⅜	169	168 ⅝	168 ¼	167 ⅞	167 ½	167 ¼
32. 5	170 ⅛	169 ¾	169 ⅜	169	168 ⅝	168 ¼	167 ⅞	167 ½
32. 6	170 ⅜	170	169 ⅝	169 ¼	168 ⅞	168 ½	168 ⅛	167 ⅞
32. 7	170 ¾	170 ⅜	170	169 ⅝	169 ¼	168 ⅞	168 ½	168 ⅛

Suite du Change d'Amsterdam sur Hambourg.

	Change de Paris sur Amsterdam.							
	57	57 1/8	57 1/4	57 3/8	57 1/2	57 5/8	57 3/4	57 7/8
32. 8	171	170 5/8	170 1/4	169 7/8	169 5/8	169 1/4	168 7/8	168 1/2
32. 9	171 3/8	171	170 5/8	170 1/4	169 7/8	169 1/2	169 1/8	168 3/4
32. 10	171 3/4	171 3/8	171	170 5/8	170 1/4	169 7/8	169 1/2	169 1/8
32. 11	172	171 5/8	171 1/4	170 7/8	170 1/2	170 1/8	169 3/4	169 1/2
32. 12	172 3/8	172	171 5/8	171 1/4	170 7/8	170 1/2	170 1/8	169 3/4
32. 13	172 3/4	172 3/8	172	171 5/8	171 1/4	170 7/8	170 1/2	170 1/8
32. 14	173	172 5/8	172 1/4	171 7/8	171 1/2	171 1/8	170 3/4	170 3/8
32. 15	173 3/8	173	172 5/8	172 1/4	171 7/8	171 1/2	171 1/8	170 3/4
33.	173 5/8	173 1/4	172 7/8	172 1/2	172 1/8	171 3/4	171 3/8	171
33. 1	174	173 5/8	173 1/4	172 7/8	172 1/2	172 1/8	171 3/4	171 3/8
33. 2	174 3/8	174	173 5/8	173 1/4	172 7/8	172 1/2	172 1/8	171 3/4
33. 3	174 5/8	174 1/4	173 7/8	173 1/2	173 1/8	172 3/4	172 3/8	172
33. 4	175	174 5/8	174 1/4	173 7/8	173 1/2	173 1/8	172 3/4	172 3/8
33. 5	175 3/8	175	174 5/8	174 1/8	173 3/4	173 3/8	173	172 5/8
33. 6	175 5/8	175 1/4	174 7/8	174 1/2	174 1/8	173 3/4	173 3/8	173
33. 7	176	175 5/8	175 1/4	174 7/8	174 1/2	174 1/8	173 3/4	173 3/8

Change de Paris sur Amsterdam.

Change d'Amsterdam sur Hambourg	58	58 1/8	58 1/4	58 3/8	58 1/2	58 5/8	58 3/4	58 7/8
31. 8	162 7/8	162 1/2	162 1/4	161 7/8	161 1/2	161 1/4	160 7/8	160 1/2
31. 9	163 1/4	162 7/8	162 1/2	162 1/4	161 7/8	161 1/2	161 1/8	160 7/8
31. 10	163 5/8	163 1/4	162 7/8	162 1/2	162 1/8	161 7/8	161 1/2	161 1/8
31. 11	163 7/8	163 1/2	163 1/4	162 7/8	162 1/2	162 1/8	161 3/4	161 1/2
31. 12	164 1/4	163 7/8	163 1/2	163 1/8	162 7/8	162 1/2	162 1/8	161 3/4
31. 13	164 1/2	164 1/4	163 7/8	163 1/2	163 1/8	162 3/4	162 1/2	162 1/8
31. 14	164 7/8	164 1/2	164 1/8	163 13/16	163 1/2	163 1/8	162 3/4	162 3/8
31. 15	165 1/4	164 7/8	164 1/2	164 1/8	163 3/4	163 3/8	163 1/8	162 3/4
32.	165 1/2	165 1/8	164 3/4	164 1/2	164 1/8	163 3/4	163 3/8	163
32. 1	165 7/8	165 1/2	165 1/8	164 3/4	164 3/8	164 1/8	163 3/4	163 3/8
32. 2	166 1/8	165 3/4	165 1/2	165 1/8	164 3/4	164 3/8	164	163 3/4
32. 3	166 1/2	166 1/8	165 3/4	165 3/8	165 1/8	164 3/4	164 3/8	164
32. 4	166 3/4	166 1/2	166 1/8	165 3/4	165 3/8	165	164 5/8	164 3/8
32. 5	167 1/8	166 3/4	166 3/8	166	165 3/4	165 3/8	165	164 5/8
32. 6	167 1/2	167 1/8	166 3/4	166 3/8	166	165 5/8	165 3/8	165
32. 7	167 3/4	167 3/8	167	166 3/4	166 3/8	166	165 5/8	165 1/4

Change de Paris sur Amsterdam.

Suite du Change d'Amsterdam sur Hambourg.

	58	58 1/8	58 1/4	58 3/8	58 1/2	58 5/8	58 3/4	58 7/8
32. 8	168 1/8	167 3/4	167 3/8	167	166 5/8	166 1/4	166	165 5/8
32. 9	168 3/8	168 1/8	167 3/4	167 3/8	167	166 5/8	166 1/4	165 7/8
32. 10	168 3/4	168 3/8	168	167 5/8	167 1/4	167	166 5/8	166 1/4
32. 11	169 1/8	168 3/4	168 3/8	168	167 5/8	167 1/4	166 7/8	166 1/2
32. 12	169 3/8	169	168 5/8	168 1/4	168	167 5/8	167 1/4	166 7/8
32. 13	169 3/4	169 3/8	169	168 5/8	168 1/4	167 7/8	167 1/2	167 1/8
32. 14	170	169 5/8	169 3/8	169	168 5/8	168 1/4	167 7/8	167 1/2
32. 15	170 3/8	170	169 5/8	169 1/4	168 7/8	168 1/2	168 1/4	167 7/8
33.	170 3/4	170 3/8	170	169 5/8	169 1/4	168 7/8	168 1/2	168 1/8
33. 1	171	170 5/8	170 1/4	169 7/8	169 1/2	169 1/4	168 7/8	168 1/2
33. 2	171 3/8	171	170 5/8	170 1/4	169 7/8	169 1/2	169 1/8	168 3/4
33. 3	171 5/8	171 1/4	170 7/8	170 1/2	170 1/4	169 7/8	169 1/2	169 1/8
33. 4	172	171 5/8	171 1/4	170 7/8	170 1/2	170	169 3/4	169 3/8
33. 5	172 1/4	171 15/16	171 5/8	171 1/4	170 7/8	170 1/2	170 1/8	169 3/4
33. 6	172 5/8	172 1/4	171 7/8	171 1/2	171 1/8	170 3/4	170 3/8	170 1/8
33. 7	173	172 5/8	172 1/4	171 7/8	171 1/2	171 1/8	170 3/4	170 3/8

Change de Paris sur Amsterdam.

Change d'Amsterdam sur Hambourg.

	59	59 ⅛	59 ¼	59 ⅜	59 ½	59 ⅝	59 ¾	59 ⅞
31. 8	160 ⅛	159 ⅞	159 ½	159 ⅛	158 ⅞	158 ½	158 ⅛	157 ⅞
31. 9	160 ½	160 ⅛	159 ¾	159 ½	159 ⅛	158 ¾	158 ½	158 ⅛
31.10	160 ¾	160 ½	160 ⅛	159 ¾	159 ½	159 ⅛	158 ¾	158 ¼
31.11	161 ⅛	160 ¾	160 ½	160 ⅛	159 ¾	159 ⅜	159 ⅛	158 ¾
31.12	161 ½	161 ⅛	160 ¾	160 ⅜	160 ⅛	159 ¾	159 ½	159
31.13	161 ¾	161 ⅜	161 ⅛	160 ¾	160 ⅜	160 1/16	159 ¾	159 ⅜
31.14	162 ⅛	161 ¾	161 ⅜	161	160 ¾	160 ⅜	160	159 ¾
31.15	162 ⅜	162	161 ¾	161 ⅜	161	160 ¾	160 ⅜	160
32.	162 ¾	162 ⅝	162	161 ⅝	161 ⅜	161	160 ⅝	160 ⅜
32. 1	163	162 ⅝	162 ⅜	162	161 ⅝	161 ⅜	161	160 ⅝
32. 2	163 ⅜	163	162 ⅝	162 ⅜	162	161 ⅝	161 ¼	161
32. 3	163 ⅝	163 ⅜	163	162 ⅝	162 ¼	162	161 ⅝	161 ¼
32. 4	164	163 ⅝	163 ¼	163	162 ⅝	162 ¼	161 ⅞	161 ⅝
32. 5	164 ¼	164	163 ⅝	163 ¼	162 ⅞	162 ⅝	162 ¼	161 ⅞
32. 6	164 ⅝	164 ¼	163 ⅞	163 ⅝	163 ¼	162 ⅞	162 ½	162 ¼
32. 7	164 ⅞	164 ⅝	164 ¼	163 ⅞	163 ½	163 ¼	162 ⅞	162 ½

Suite du Change d'Amſterdam ſur Hambourg.	Change de Paris ſur Amſterdam.							
	59	59 1/8	59 1/4	59 3/8	59 1/2	59 5/8	59 3/4	59 7/8
32. 8	165 1/4	164 7/8	164 1/2	164 1/4	163 7/8	163 1/2	163 1/8	162 7/8
32. 9	165 5/8	165 1/4	164 7/8	164 1/2	164 1/8	163 7/8	163 1/2	163 1/8
32. 10	165 7/8	165 1/2	165 1/4	164 7/8	164 1/2	164 1/8	163 3/4	163 1/2
32. 11	166 1/4	165 7/8	165 1/2	165 1/8	164 3/4	164 1/2	164 1/8	163 3/4
32. 12	166 1/2	166 1/8	165 [illegible]	165 1/2	165 1/8	164 3/4	164 3/8	164 1/8
32. 13	166 7/8	166 1/2	166 1/8	165 3/4	165 1/2	165 1/8	164 3/4	164 3/8
32. 14	167 1/8	166 3/4	166 1/2	166 1/8	165 3/4	165 3/8	165 1/16	164 3/4
32. 15	167 1/2	167 1/8	166 3/4	166 3/8	166 1/8	165 3/4	165 3/8	165
33.	167 3/4	167 1/2	167 1/8	166 3/4	166 3/8	166	165 3/4	165 3/8
33. 1	168 1/8	167 3/4	167 3/8	167	166 3/4	166 3/8	166	165 5/8
33. 2	168 3/8	168 1/8	167 3/4	167 3/8	167	166 5/8	166 3/8	166
33. 3	168 3/4	168 3/8	168	167 5/8	167 3/8	167	166 5/8	166 1/4
33. 4	169 1/8	168 3/4	168 3/8	168	167 5/8	167 1/4	167	166 5/8
33. 5	169 3/8	169	168 5/8	168 3/8	168	167 5/8	167 1/4	166 7/8
33. 6	169 3/4	169 3/8	169	168 5/8	168 1/4	167 7/8	167 5/8	167 1/4
33. 7	170	169 5/8	169 1/4	169	168 5/8	168 1/4	167 7/8	167 1/2

Change de Paris sur Amsterdam.

Change d'Amsterdam sur Hambourg.

	60	60 1/8	60 1/4	60 3/8	60 1/2	60 5/8	60 3/4	60 7/8
31. 8	157 1/2	157 3/8	156 7/8	156 1/2	156 1/4	155 7/8	155 1/2	155 1/4
31. 9	157 13/16	157 1/2	157 1/8	156 7/8	156 1/2	156 1/8	155 7/8	155 1/2
31. 10	158 1/8	157 3/4	157 1/2	157 1/8	156 7/8	156 1/2	156 1/8	155 7/8
31. 11	158 7/16	158 1/8	157 3/4	157 1/2	157 1/8	156 3/4	156 1/2	156 1/8
31. 12	158 3/4	158 3/8	158 1/8	157 3/4	157 7/16	157 1/8	156 3/4	156 1/2
31. 13	159 1/16	158 3/4	158 3/8	158 1/8	157 3/4	157 3/8	157 1/8	156 3/4
31. 14	159 3/8	159	158 3/4	158 3/8	158	157 3/4	157 3/8	157
31. 15	159 11/16	159 3/8	159	158 3/4	158 3/8	158	157 3/4	157 3/8
32.	160	159 5/8	159 3/8	159	158 5/8	158 3/8	158	157 3/4
32. 1	160 5/16	160	159 5/8	159 3/8	159	158 5/8	158 3/8	158
32. 2	160 5/8	160 1/4	160	159 5/8	159 1/4	159	158 5/8	158 3/8
32. 3	160 15/16	160 5/8	160 1/4	159 15/16	159 5/8	159 1/4	159	158 5/8
32. 4	161 1/4	160 7/8	160 5/8	160 1/4	159 7/8	159 1/2	159 1/4	158 7/8
32. 5	161 9/16	161 1/4	160 7/8	160 1/2	160 1/4	159 7/8	159 5/8	159 1/4
32. 6	161 7/8	161 1/2	161 1/4	160 7/8	160 1/2	160 1/4	159 7/8	159 1/2
32. 7	162 3/16	161 7/8	161 1/2	161 1/8	160 7/8	160 1/2	160 1/8	159 7/8

Change de Paris sur Amsterdam.

Suite du Change d'Amsterdam sur Hambourg.	60	60 1/8	60 1/4	60 3/8	60 1/2	60 5/8	60 3/4	60 7/8
32. 8	162 1/2	162 1/8	161 7/8	161 1/2	161 1/8	160 7/8	160 1/2	160 1/8
32. 9	162 13/16	162 1/2	162 1/8	161 3/4	161 1/2	161 1/8	160 3/4	160 1/2
32. 10	163 1/8	162 3/4	162 1/2	162 1/8	161 3/4	161 1/2	161 1/8	160 3/4
32. 11	163 7/16	163 1/8	162 3/4	162 3/8	162 1/8	161 3/4	161 3/8	161 1/8
32. 12	163 3/4	163 3/8	163 1/8	162 3/4	162 3/8	162 1/16	161 3/4	161
32. 13	164 1/16	163 3/4	163 3/8	163	162 3/4	162 3/8	162	161
32. 14	164 3/8	164	163 3/4	163 3/8	163	162 3/4	162 3/8	162
32. 15	164 11/16	164 3/8	164	163 1/8	163 3/8	163	162 1/8	162
33.	165	164 5/8	164 3/8	164	163 5/8	163 1/4	163	162 5/8
33. 1	165 5/16	165	164 5/8	164 1/4	164	163 5/8	163 1/4	162 7/8
33. 2	165 5/8	165 1/4	164 15/16	164 5/8	164 1/4	163 7/8	163 5/8	163 1/4
33. 3	165 15/16	165 5/8	165 1/4	164 7/8	164 1/2	164 1/4	163 7/8	163 1/2
33. 4	166 1/4	165 7/8	165 1/2	165 1/4	164 7/8	164 1/2	164 1/4	163 7/8
33. 5	166 9/16	166 1/4	165 7/8	165 1/2	165 1/8	164 7/8	164 1/2	164 1/8
33. 6	166 7/8	166 1/2	166 1/8	165 7/8	165 1/2	165 1/8	164 7/8	164 1/2
33. 7	167 3/16	166 7/8	166 1/2	166 1/8	165 3/4	165 1/2	165 1/8	164 3/4

M

Change de Paris ſur Amſterdam.

Change d'Amſterdam ſur Hambourg.

	61	$61\tfrac{1}{8}$	$61\tfrac{1}{4}$	$61\tfrac{3}{8}$	$61\tfrac{1}{2}$	$61\tfrac{5}{8}$	$61\tfrac{3}{4}$	61
31. ſ. 8	$154\tfrac{7}{8}$	$154\tfrac{5}{8}$	$154\tfrac{1}{4}$	154	$153\tfrac{5}{8}$	$153\tfrac{3}{8}$	153	152
31. 9	$155\tfrac{1}{4}$	$154\tfrac{7}{8}$	$154\tfrac{5}{8}$	$154\tfrac{1}{4}$	154	$153\tfrac{5}{8}$	$153\tfrac{3}{8}$	153
31. 10	$155\tfrac{1}{2}$	$155\tfrac{1}{4}$	$154\tfrac{7}{8}$	$154\tfrac{5}{8}$	$154\tfrac{1}{4}$	154	$153\tfrac{5}{8}$	153
31. 11	$155\tfrac{7}{8}$	$155\tfrac{1}{2}$	$155\tfrac{1}{4}$	$154\tfrac{7}{8}$	$154\tfrac{5}{8}$	$154\tfrac{1}{4}$	154	153
31. 12	$156\tfrac{1}{8}$	$155\tfrac{7}{8}$	$155\tfrac{1}{2}$	$155\tfrac{1}{4}$	$154\tfrac{7}{8}$	$154\tfrac{5}{8}$	$154\tfrac{1}{4}$	$153\tfrac{1}{2}$
31. 13	$156\tfrac{1}{2}$	$156\tfrac{1}{8}$	$155\tfrac{7}{8}$	$155\tfrac{1}{2}$	$155\tfrac{1}{8}$	$154\tfrac{7}{8}$	$154\tfrac{1}{2}$	154
31. 14	$156\tfrac{3}{4}$	$156\tfrac{1}{2}$	$156\tfrac{1}{8}$	$155\tfrac{3}{4}$	$155\tfrac{1}{2}$	$155\tfrac{1}{8}$	$154\tfrac{7}{8}$	154
31. 15	$157\tfrac{1}{8}$	$156\tfrac{3}{4}$	$156\tfrac{3}{8}$	$156\tfrac{1}{8}$	$155\tfrac{3}{4}$	$155\tfrac{1}{2}$	$155\tfrac{1}{8}$	154
32.	$157\tfrac{3}{8}$	157	$156\tfrac{3}{4}$	$156\tfrac{3}{8}$	$156\tfrac{1}{8}$	$155\tfrac{3}{4}$	$155\tfrac{1}{2}$	155
32. 1	$157\tfrac{5}{8}$	$157\tfrac{3}{8}$	157	$156\tfrac{3}{4}$	$156\tfrac{3}{8}$	$156\tfrac{1}{8}$	$155\tfrac{3}{4}$	155
32. 2	158	$157\tfrac{5}{8}$	$157\tfrac{3}{8}$	157	$156\tfrac{3}{4}$	$156\tfrac{3}{8}$	$156\tfrac{1}{8}$	155
32. 3	$158\tfrac{1}{4}$	158	$157\tfrac{5}{8}$	$157\tfrac{3}{8}$	157	$156\tfrac{3}{4}$	$156\tfrac{3}{8}$	156
32. 4	$158\tfrac{5}{8}$	$158\tfrac{1}{4}$	158	$157\tfrac{5}{8}$	$157\tfrac{3}{8}$	157	$156\tfrac{5}{8}$	156
32. 5	$158\tfrac{7}{8}$	$158\tfrac{5}{8}$	$158\tfrac{1}{4}$	158	$157\tfrac{5}{8}$	$157\tfrac{1}{4}$	157	156
32. 6	$159\tfrac{1}{4}$	$158\tfrac{7}{8}$	$158\tfrac{5}{8}$	$158\tfrac{1}{4}$	$157\tfrac{7}{8}$	$157\tfrac{5}{8}$	$157\tfrac{1}{4}$	157
32. 7	$159\tfrac{1}{2}$	$159\tfrac{1}{4}$	$158\tfrac{7}{8}$	$158\tfrac{1}{2}$	$158\tfrac{1}{4}$	$157\tfrac{7}{8}$	$157\tfrac{5}{8}$	$157\tfrac{1}{4}$

Change de Paris sur Amsterdam.

Suite du Change d'Amsterdam sur Hambourg.

	61	61 1/8	61 1/4	61 3/8	61 1/2	61 5/8	61 3/4	61 7/8
32. 8	159 7/8	159 1/2	159 1/8	158 7/8	158 1/2	158 1/4	157 7/8	157 5/8
32. 9	160 1/8	159 7/8	159 1/2	159 1/8	158 7/8	158 1/2	158 1/4	157 7/8
32. 10	160 1/2	160 1/8	159 3/4	159 1/2	159 1/8	158 7/8	158 1/2	158 1/8
32. 11	160 3/4	160 3/8	160 1/8	159 3/4	159 1/2	159 1/8	158 3/4	158 1/2
32. 12	161 1/8	160 3/4	160 3/8	160 1/8	159 3/4	159 3/8	159 1/8	158 3/4
32. 13	161 5/8	161	160 3/4	160 3/8	160	159 3/4	159 3/8	159 1/8
32. 14	161 5/8	161 3/8	161	160 5/8	160 3/8	160	159 3/4	159 3/8
32. 15	162	161 5/8	161 3/8	161	160 5/8	160 3/8	160	159 3/4
33.	162 1/4	162	161 5/8	161 1/4	161	160 5/8	160 3/8	160
33. 1	162 5/8	162 1/4	162	161 5/8	161 1/4	161	160 5/8	160 1/4
33. 2	162 7/8	162 5/8	162 1/4	161 7/8	161 5/8	161 1/4	160 7/8	160 5/8
33. 3	163 1/4	162 7/8	162 1/2	162 1/4	161 7/8	161 9/16	161 1/4	160 7/8
33. 4	163 1/2	163 1/4	162 7/8	162 1/2	162 1/4	161 7/8	161 1/2	161 1/4
33. 5	163 7/8	163 1/2	163 1/8	162 7/8	162 1/2	162 3/8	161 7/8	161 1/2
33. 6	164 1/8	163 3/4	163 1/2	163 1/8	162 3/4	162 1/2	162 1/8	161 7/8
33. 7	164 1/2	164 1/8	163 3/4	163 1/2	163 1/8	162 3/4	162 1/2	162 1/8

Change de Paris sur Amsterdam.

Change d'Amsterdam sur Hambourg.

	62	62 1/8	62 1/4	62 3/8	62 1/2	62 5/8	62 3/4	62 7/8
31. 8	152 3/8	152 1/8	151 3/4	151 1/2	151 1/4	150 7/8	150 5/8	150 1/4
31. 9	152 3/4	152 3/8	152 1/8	151 3/4	151 1/2	151 1/4	150 7/8	150 5/8
31. 10	153	152 3/4	152 3/8	152 1/8	151 3/4	151 1/2	151 1/4	150 7/8
31. 11	153 3/8	153	152 3/4	152 3/8	152 1/8	151 3/4	151 1/2	151 1/4
31. 12	153 5/8	153 3/8	153	152 3/4	152 3/8	152 1/8	151 3/4	151 1/2
31. 13	153 7/8	153 5/8	153 3/8	153	152 3/4	152 3/8	152 1/8	151 3/4
31. 14	154 1/4	153 7/8	153 5/8	153 1/4	153	152 3/4	152 3/8	152 1/8
31. 15	154 1/2	154 1/4	153 7/8	153 5/8	153 1/4	153	152 3/4	152 3/8
32.	154 7/8	154 1/2	154 1/4	153 7/8	153 5/8	153 1/4	153	152 5/8
32. 1	155 1/8	154 7/8	154 1/2	154 1/4	153 7/8	153 5/8	153 1/4	153
32. 2	155 1/2	155 1/8	154 7/8	154 1/2	154 1/4	153 7/8	153 5/8	153 1/4
32. 3	155 3/4	155 3/8	155 1/8	154 3/4	154 1/2	154 1/4	153 7/8	153 5/8
32. 4	156	155 3/4	155 3/8	155 1/8	154 3/4	154 1/2	154 1/8	153 7/8
32. 5	156 3/8	156	155 3/4	155 3/8	155 1/8	154 3/4	154 1/2	154 1/8
32. 6	156 5/8	156 3/8	156	155 3/4	155 3/8	155 1/8	154 3/4	154 1/2
32. 7	157	156 5/8	156 3/8	156	155 3/4	155 3/8	155 1/8	154 3/4

Change de Paris sur Amsterdam.

Suite du Change d'Amsterdam sur Hambourg.

	62	62 1/8	62 1/4	62 3/8	62 1/2	62 5/8	62 3/4	62 7/8
32. 8	157 1/4	157	156 5/8	156 3/8	156	155 3/4	155 3/8	155 1/8
32. 9	157 1/2	157 1/4	156 7/8	156 5/8	156 1/4	156	155 5/8	155 3/8
32. 10	157 7/8	157 1/2	157 1/4	156 7/8	156 5/8	156 1/4	156	155 5/8
32. 11	158 1/8	157 7/8	157 1/2	157 1/4	156 7/8	156 5/8	156 1/4	156
32. 12	158 1/2	158 1/8	157 7/8	157 1/2	157 1/4	156 7/8	156 5/8	156 1/4
32. 13	158 3/4	158 1/2	158 1/8	157 7/8	157 1/2	157 1/8	156 7/8	156 1/2
32. 14	159 1/8	158 3/4	158 3/8	158 1/8	157 3/4	157 1/2	157 1/8	156 7/8
32. 15	159 3/8	159	158 3/4	158 3/8	158 1/8	157 3/4	157 1/2	157 1/8
33.	159 5/8	159 3/8	159	158 3/4	158 3/8	158 1/8	157 3/4	157 1/2
33. 1	160	159 5/8	159 3/8	159	158 3/4	158 3/8	158 1/8	157 3/4
33. 2	160 1/4	160	159 5/8	159 3/8	159	158 5/8	158 3/8	158
33. 3	160 5/8	160 1/4	160	159 5/8	159 1/4	159	158 5/8	158 3/8
33. 4	160 7/8	160 5/8	160 1/4	159 7/8	159 5/8	159 1/4	159	158 5/8
33. 5	161 1/4	160 7/8	160 1/2	160 1/4	159 7/8	159 5/8	159 1/4	159
33. 6	161 1/2	161 1/8	160 7/8	160 1/2	160 1/4	159 7/8	159 1/2	159 1/4
33. 7	161 3/4	161 1/2	161 1/8	160 7/8	160 1/2	160 1/8	159 7/8	159 1/2

ET A M S T E R D A M

APPROBATION.

J'Ay lû par l'ordre de Monseigneur le Garde des Sceaux, un Manuscrit intitulé, *Speculation sur les Changes Etrangers pour la commodité des Banquiers & autres Négocians.* A Paris le neuvième Novembre 1726.

MAHIEU.

PRIVILEGE DU ROY.

LOUIS par la grace de Dieu, Roy de France & de Navarre : A nos Amez & féaux Conseillers les Gens tenans nos Cours de Parlemens, Maistres des Requestes ordinaires de nôtre Hôtel, Grand Conseil, Prevôt de Paris, Baillifs, Sénéchaux, leurs Lieutenans Civils, & autres nos Justiciers qu'il appartiendra, Salut. Nôtre bien amé le Sieur PURRY Nous ayant fait remontrer qu'il se seroit appliqué à composer un Ouvrage qui a pour titre *Speculation sur les Changes Etrangers,* qu'il souhaiteroit faire imprimer & donner au Public, s'il nous plaisoit lui accorder nos Lettres de Privilege sur ce nécessaires ; offrant pour cet effet de le faire imprimer en bon papier & beaux caracteres, suivant la feüille imprimée & attachée pour modele sous le contre-scel des Presentes : A CES CAUSES, voulant traiter favorablement ledit Sieur Exposant ; Nous lui avons permis & permettons par ces Presentes de faire imprimer ledit Ouvrage ci-dessus spécifié en un ou plusieurs Volumes, conjointement ou séparément, & autant de fois que bon lui semblera sur papier & caracteres conformes à ladite feüille imprimée & attachée pour modele sous nôtredit contre-scel, & de le faire imprimer, vendre & débiter par tout nôtre Royaume pendant le tems de huit années consécutives, à compter du jour de la date desdites Presentes : Faisons défenses à toutes sortes de personnes de quelque qualité & condition qu'elles soient d'en introduire d'impression Etrangere dans aucun lieu de nôtre obéïssance ; comme aussi à tous Libraires-Imprimeurs & autres, d'imprimer, faire imprimer, vendre, faire vendre, débiter ny contrefaire ledit ouvrage ci-dessus exposé en tout ni en partie, ny d'en faire aucuns extraits, sous quelque prétexte que ce soit, d'augmentation, correction, changement de titre, même en feüille séparée ou autrement, sans la permission expresse & par écrit dudit Sieur Exposant, ou de ceux qui auront droit de lui, à peine de confiscation

des Exemplaires contrefaits, de quinze cens livres d'amende contre
chacun des contrevenans, dont un tiers à nous, un tiers à l'Hôtel-Dieu
de Paris, l'autre tiers audit Sieur Exposant, & de tous dépens, domma-
ges & interêts ; à la charge que ces Presentes feront enregiftrées tout
au long fur le Regiftre de la Communauté des Libraires & Imprimeurs
de Paris, & ce dans trois mois de la date d'icelles ; que l'impreffion de
cet Ouvrage fera faite dans nôtre Royaume & non ailleurs ; & que l'Im-
petrant fe conformera en tout aux Reglemens de la Librairie, & no-
tamment à celui du dixiéme Avril 1725. & qu'avant que de l'expofer
en vente, le manufcrit ou imprimé qui aura fervi de copie à l'impreffion
dudit Ouvrage, fera remis dans le même état où l'Approbation y aura
été donnée, és mains de nôtre très-cher & Féal Chevalier, Garde des
Sceaux de France, le Sieur Fleuriau d'Armenonville, Commandeur
de nos Ordres, & qu'il en fera enfuite remis deux Exemplaires dans
nôtre Bibliothéque publique, un dans celle de nôtre Château du Lou-
vre, & un dans celle de nôtredit très-cher & Féal Chevalier, Garde
des Sceaux de France, le Sieur Fleuriau d'Armenonville, Commandeur de nos Ordres, le tout à peine de nullité des Prefentes, du conte-
nu defquelles vous mandons & enjoignons de faire joüir ledit Expo-
fant ou fes ayans caufe, pleinement & paifiblement, fans fouffrir qu'il
leur foit fait aucun trouble ou empêchemens. Voulons que la copie
defdites Prefentes qui fera imprimée tout au long au commencement
ou à la fin dudit Ouvrage foit tenuë pour düement fignifiée, & qu'aux
copies collationnées par l'un de nos Amez & Féaux Confeillers & Sé-
cretaires, foy foit ajoûtée comme à l'original. Commandons au pre-
mier nôtre Huiffier ou Sergent de faire pour l'execution d'icelles tous
actes requis & néceffaires, fans demander autre permiffion, & nonob-
ftant Clameur de Haro, Charte Normande & Lettres à ce contraires ;
Car tel eft nôtre plaifir. Donné à Paris le vingt-huitiéme jour du mois
de Novembre l'an de grace mil fept cent vingt-fix, & de nôtre Regne
le douziéme. Par le Roy en fon Confeil, DE S. HILAIRE, avec
grille & paraphe.

*Regiftré fur le Regiftre de la Chambre Royale & Syndicale de la Librairie &
Imprimerie de Paris N°. 534. Fol. 425. conformément au Reglement de 1723.
qui fait défenfes art. IV. à toutes perfonnes de quelque qualité & condition qu'elles foient, autres que les Libraires & Imprimeurs, de vendre, débiter & faire
afficher aucuns Livres pour les vendre en leurs noms, foit qu'ils s'en difent les
Auteurs on autrement, & à la charge de fournir les Exemplaires preferits par l'ar-
ticle 108 du même Reglement. A Paris le fix Décembre mil fept cent vingt-fix.*
D. MARIETTE, Sindic.

www.ingramcontent.com/pod-product-compliance
Ingram Content Group UK Ltd.
Pitfield, Milton Keynes, MK11 3LW, UK
UKHW021449090726
13657UKWH00003B/1285